Elsass

Susanne Tschirner

► Dieses Symbol im Buch verweist auf den großen Faltplan!

DUMONT

direkt

Bienvenue – Willkommen

Unterwegs im Elsass

Das Elsass 15 x direkt erleben

Bienvenue
Mein heimliches Wahrzeichen

Inmitten der Weinberge von Hunawihr erhebt sich die der hl. Huna geweihte Wehrkirche. Das passt, weil die schöne Heilige, im Innern auf spätmittelalterlichen Fresken abgebildet, die Schutzpatronin der Winzer ist. Das Dorf und sein renommierter Wingert mit etlichen Grand Cru-Lagen sind für mich der Inbegriff des Elsass: einen Katzensprung von den touristischen Sammelpunkten wie Ribeauvillé und Riquewihr entfernt, hat sich Hunawihr über Jahrzehnte hinweg eine unaufgeregte Stille bewahrt.

Das Elsass, Alsace, ist Frankreichs kleinste Region. 200 km von Nord nach Süd und 45 km von West nach Ost erstreckt sie sich zwischen dem Rhein im Osten und Lothringen im Westen, Deutschland im Norden und der Schweiz im Süden. Sie besteht aus zwei Départements, Bas-Rhin mit der Hauptstadt Straßburg im Norden und Haut-Rhin mit der Hauptstadt Colmar im Süden.

Die Landschaft gliedert sich in drei Gebiete: Von der Rheintiefebene im Osten steigt das Elsass über die um die 500 m hohen Vogesenvorberge mit der Weinstraße bis zu den Vogesengipfeln an der Grenze zu Lothringen an.

Nordelsass

Direkt hinter der Pfälzer Grenze beginnt der Parc Naturel Régional des Vosges du Nord, der regionale Naturpark Nordvogesen. Die reizvolle Natur in dem um die 500 m hohen Mittelgebirge veranlasste die UNESCO 1989, das Gebiet zum Biosphärenreservat zu erklären. Wandern ist also angesagt. Zahlreiche mittelalterliche Burgen aus dem ortstypischen roten Sandstein liegen im dunklen Tannenwald, teils in den Fels gegraben. Kulturelle Höhepunkte sind **Wissembourg** (▶G 1), **Saverne** (▶ C/D 3), **Haguenau** (▶ F 2/3) und die romanische Abtei von Marmoutier. Obersteinbach eignet sich als Basislager für Wanderer, La Petite-Pierre ist das Wellness-Zentrum der Region.

Straßburg (E/F 4/5)

Die Hauptstadt des Elsass ist auch sein größter Besuchermagnet. Hier konzentrieren sich mit Münster und Altstadt die bedeutendsten Sehenswürdigkeiten sowie die renommiertesten Museen der Region, hier breitet sich die vielfältigste Einkaufs-, Kunst- und Ausgehszene aus. In der mit dem Label des UNESCO-Weltkulturerbes geadelten Altstadt, in der wasserdurchzogenen Petite France und am Ill-Ufer stehen so viele historische Fachwerkbauten auf einem Fleck beisammen wie nirgendwo sonst im Elsass. Und der hungrige Besucher hat die Qual der Wahl zwischen urigen Winstubs mit deftigem Sauerkraut und durchgestylten Gourmetrestaurants.

Die Weinstraße von Rosheim bis Rouffach

Die **Route des Vins** (▶ D 4–B 11) von Marlenheim im Norden bis Thann im Süden ist neben Straßburg, Colmar und der Route des Crêtes die Hauptattraktion des Elsass. Über 7000 Winzer kultivieren, meist im Familienbetrieb, ihre Rebstöcke und bringen deren Ertrag entweder in eine Kooperative ein oder vermarkten sie in einem der über 100 Weinorte selbst. Historische Weinorte mit spitzen Kirchtürmen, Storchennestern auf den roten Ziegeldächern und jeder Menge Probierstuben schmiegen sich an die sanft ansteigenden Weinberge – eine Gegend für Genießer. Von den Weinorten geht es dann noch ein paar Meter bergauf in den Vogesenwald, in dem zahlreiche Burgruinen aus dem Mittelalter thronen.

Das vielbesuchte Dreigestirn der Weinstraße sind die Städtchen **Ribeauvillé** (▶ C 8), **Riquewihr** (▶ C 8) und **Kaysersberg** (▶ C 8), etwas ruhiger geht es in den an Renaissancebauten und Fachwerkhäusern reichen Orten **Turckheim** (▶ C 9) und **Eguisheim** (▶

C 9) zu. Kunsthistorische Highlights sind die romanischen Kirchen wie die von **Rosheim** (► D 5) und **Andlau** (► D 6), **Sélestat** (► D 7), die Wiege des Rheinischen Humanismus, und natürlich **Colmar** (► C/D 9): Nicht nur die Fachwerkidylle, sondern Grünewalds Isenheimer Altar und Schongauers Madonna im Rosenhag ziehen Kunstfans an.

Die Vogesen

Wie ein Schild schirmen die dicht bewaldeten Vogesenkämme auf einer Länge von etwa 170 km Weinberge und Tiefebene gegen die regenbringenden Westwinde ab. Nach Osten fallen die Berge recht schroff, nach Westen mit sanfter gerundeten Flanken ab. Die höchsten Erhebungen der Vogesen liegen im Süden im Parc Naturel Régional des Ballons des Vosges, dessen bis knapp über 1400 m hohen Belchen-Kuppen und Gletscherseen in der Eiszeit geformt wurden.

Der spektakulärste Teil der Vogesen lässt sich auf der Panoramastraße **Route des Crêtes** (► B 8–B 11) erkunden, deren quasi alpine Hochweidenlandschaft Wandern und sonstige Sportarten begünstigt. Auch Kulturinteressierte kommen auf ihre Kosten: **Guebwiller** (► C 10), Murbach und **Thann** (► B 11) besitzen sehenswerte Kirchen.

Mulhouse und der Sundgau

Mulhouse (► C 11/12), die zweitgrößte Stadt des Elsass und zusammen mit dem Ballungsraum um Straßburg sein wichtigstes Industriezentrum, leidet immer noch ein wenig unter seinem Ruf als ›Manchester des Südens‹. Dabei sind die Industriezweige, die die Stadt im 18./19. Jh. groß gemacht haben – Stoffdruck, Auto- und Eisenbahnbau –, längst zu spannenden industriegeschichtlichen Museen ›umgewidmet‹ worden. Doch damit nicht genug, bietet Mulhouse auch eine historische Innenstadt, eine dynamische Szene junger Kunst sowie gute Ausgehmöglichkeiten.

Der **Sundgau** (► C/D 13/14) im Dreiländereck zur Schweiz ist eine ländliche, teils sehr idyllische Mikroregion, in der man rustikal speisen und, vor allem im Elsässer Jura kurz vor der Grenze, Burgruinen erwandern kann.

Durch Streuobstwiesen schlängelt sich der Weg ins kleine Dorf

An der ›Kreuzung Europas‹

›Carrefour de l'Europe‹, Ort der europäischen Begegnung oder wörtlich übersetzt ›Kreuzung Europas‹, wird das Elsass oft genannt. An dieser Kreuzung ging es in der Vergangenheit nicht immer friedlich zu: Das Elsass war lange Zeit Zankapfel der beiden konkurrierenden Rhein-Anlieger-Staaten Deutschland und Frankreich.

Heute, in einem Europa der Regionen, werden die doppelten kulturellen Wurzeln und die Zweisprachigkeit allmählich wieder als Vorteil verstanden. Die Grenzregion Elsass besaß und besitzt eine Drehscheibenfunktion, sie ist ein Land des Austauschs von Handelsgütern, kulturellen Strömungen und Ideen. Zehntausende Pendler, grenzüberschreitende Festivals, Kultur- und Erziehungsarbeit sind Indizien dafür, dass der Ausschließlichkeitsanspruch einer Kultur der Vergangenheit angehört. Darum sind die Elsässer auch sehr an einem ›Europa der Regionen‹ interessiert, das ihnen ihrer Meinung nach am ehesten die Chance bietet, ihre sprachliche und kulturelle Identität zu bewahren.

Mundart und Protest

Die Elsässer haben jedoch zusätzlich noch eine dritte, volkstümliche Sprache, die elsässische Mundart. Sie besitzt so wohlklingende Wörter wie ›Sumervogel‹ für Schmetterling und ›Allerleischwatza‹ für den Fernseher. In den 1980er-Jahren wurde das Elsässische mit Autoren und Liedermachern wie André Weckmann (»Wie die Würfel fallen«, Roman 1981) und Roger Siffer (»Die Gedanken sind frei!«) als Protestmundart in Künstler- und Intellektuellenkreisen richtig schick, eine Entwicklung, die mit der Entstehung der europäischen Anti-Atomkraft-Bewegung einherging: »Nai hammer gsait!« schrieben die badisch-elsässischen Bürgerinitiativen auf die Plakate, mit denen sie 1975 gegen das AKW Wyhl zogen. Was zeigt, dass die alemannische Mundart auf beiden Seiten des Rheins verstanden wird.

Dennoch ist nicht zu leugnen, dass das Elsässische sich wie viele europäische Regionalsprachen auf dem Rückzug befindet. Viele aus der jungen Generation sprechen keine Mundart mehr.

Das Enfant terrible des Elsass

Auch der Künstler und bekennende Elsässer Tomi Ungerer hat sich in seinen Karikaturen häufig Gedanken über seine Heimat gemacht. So legte er ein dralles Mädchen mit der unverkennbaren schwarzen Elsässerhaube ins Bett zwischen einen braunhaarigen Liebhaber links und einen blonden Galan rechts. Der geniale Titel »Das Elsaß liegt zwischen Frankreich und Deutschland« bringt eine wechselvolle Geschichte voller nationaler Begehrlichkeiten auf den Punkt.

Doch auch Ungerer scheint die aktuelle Entwicklung versöhnlich zu sehen: »Vor Jahren sagte ich noch, das Elsass sei wie eine Toilette, immer besetzt. Viel hat sich seither geändert, wir leben nicht mehr unter deutschen Stiefeln oder französischen Pantoffeln, sondern unter dem besternten Heiligenschein Europas.«

Deftige Genüsse

Das Elsass ist kein Land für Vegetarier. Fast all seine Spezialitäten sind fleischlicher Art. »Vom Schwein isst sich al-les«, sagen die Elsässer seit alters her und packen in Würste und Pasteten, was das Borstenvieh hergibt. Dass das heute praktizierte ›Wurst-Know-how‹ allerdings von deutschen Metzgern nach der Eroberung 1870/71 ins Elsass transferiert wurde, ist ein etwas in Vergessenheit geratener Kulturtransfer. Wie dem auch sei: *Sürkrut*, wie Sauerkraut auf Elsässerditsch heißt, ist zwar gehobelter und eingelegter Weißkohl, aber wichtiger als das Kraut ist Koch und Kunde das, was obendrauf thront: Mettwürste, Knackwürste, Schweinebauch, Kassler, Haxe und Würste mit den schönen Namen Knacks oder Montbeliards.

Eine kleine Revolution auf kulinarischem Gebiet wagte Guy-Pierre Baumann in den 1970ern, als er als Erster Fisch auf das Sauerkraut legte. Eine »unelsässische Schande« sei das, schrieb ihm damals der Regionalrat, nachdem Baumann 1987 die Maison Kammerzell übernommen hatte. Heute sieht man das natürlich viel lockerer. Baumann, der mehrere Hotels und Restaurants in Straßburg sein Eigen nennt, hat sein Innovationsgeist nicht geschadet und in nahezu jedem Restaurant werden heute ganz selbstverständlich Petersfisch, Räucherforelle oder Schnecken mit dem urelsässischen Gemüse kombiniert. In Zeiten der Fusionsküche ist so etwas kein Aufreger mehr!

Touristisches Urgestein

Böse Zungen behaupten, das elsässische Dorf, das nicht an mindestens einer *route touristique* liege, müsse erst noch gebaut werden. Tatsächlich sind die Themenstraßen in Frankreichs kleinster Region Legion. Sie kreisen um Kunst und Natur – so die Romanische und die Vogesenkammstraße – öfter jedoch ums leibliche Wohl: Tabak-, Sauerkraut-, Kirsch-, Munster-, Gebackene Karpfen-, Spargel-, Bier-, Weinstraße. Das Elsass ist also mit Sicherheit kein Geheimtipp, sondern touristisches Urgestein. Das hat aber auch seine Vorteile: Noch im kleinsten Ort findet man ein Bett und etwas zu essen.

Urige Tafelfreuden erwarten den Wanderer in den Bergbauernhöfen

Schlaglichter und Impressionen

Das gefährdete Wappentier

1982, als nur noch zwei Weißstorchpaare im Elsass nisteten, sah es so aus, als würde man *Ciconia ciconia* bald nur noch in Plüsch vor den Souvenirläden hängen sehen. Dann richteten Tierschützer Zuchtstationen ein, Centres de Réintroduction wie in Hunawihr, in denen den Baby- und Glücksbringern ihr Zugtrieb aberzogen wurde. Nach 3 Jahren in einer Voliere begeben sie sich nun nicht mehr auf die gefahrvolle Fernreise in südliche Gefilde, auf der so viele Vertreter des elsässischen Wappentiers umkamen. Erste Voraussetzung dafür waren winterliche Fütterungen, denn die Feuchtflächen und Feldraine, aus denen die Störche ihre Nahrung beziehen, wurden und werden durch die monokulturelle Landwirtschaft in der elsässischen Tiefebene vernichtet. Landschaftsschutz wie die Renaturierung von Sümpfen und

Elsass in Zahlen

Bevölkerung: 1 827 000 Elsässer (80 000 mehr als noch sieben Jahre zuvor) leben auf 8280 km², was mit 221 Einwohnern pro km² eine der höchsten Bevölkerungsdichten in Frankreich ergibt. Das südliche Département Bas-Rhin ist mit über 1 Mio. Menschen dichter besiedelt als das nördliche Haut-Rhin mit gut 700 000 Menschen. Die größten Städte sind Straßburg mit rund 270 000, Mulhouse mit 113 000 und Colmar mit knapp 85 000 Einwohnern. Die Urbanisierung ist weit fortgeschritten, etwa zwei von drei Elsässern leben in der Stadt.
Sprache: Amtssprache ist Französisch. Viele Elsässer, vor allem in der Touristikbranche, sprechen auch Deutsch. Als dritte Sprache existiert noch die Elsässer Mundart.
Regionalrat: 1982 wurden in Frankreich aufgrund des Dezentralisationsgesetzes 22 Regionen geschaffen. Der elsässische Conseil régional besteht aus 47 für sechs Jahre gewählten Mitgliedern. Seine Kompetenzen erstrecken sich vor allem auf die Felder Bildung, Urbanismus und Naturschutz sowie Verkehr. Aus den Wahlen von 2010 ging die konservative UMP-NC-Allianz mit 28 Sitzen als Sieger hervor. Sie stellt den Präsidenten Philippe Richert von der UMP. Das Linksbündnis aus PS und Europe-Ecologie erzielte 14 Sitze. Der rechtsradikale FN, der im traditionell konservativen Elsass stets Erfolge erzielte – und von urban-fortschrittlichen Bewegungen stets vehement bekämpft wurde –, verlor und hat jetzt nur noch fünf Sitze. Auf der Homepage des Regionalrats, www.region-alsace.eu, kann man sich über aktuelle Themen und Publikationen informieren.
Wirtschaft: Die elsässische Wirtschaft gehört traditionell zu den stärksten in Frankreich, doch brachte das letzte Jahrzehnt im innerfranzösischen Bereich eine Stagnation: Das Bruttosozialprodukt wuchs nur um 5 % gegenüber 13 % im nationalen Mittel. Grund dafür ist wohl die Verflechtung mit der deutschen Wirtschaft und der internationalen Krise. Daten wie eine Arbeitslosigkeit von 6,4 % und ein Pro-Kopf-Einkommen von jährlich 17 000 € platzieren das Elsass jedoch immer noch auf die Medaillenränge innerhalb der französischen Regionen. Der Tourismus mit 11 Mio. Besuchern sowie die Lebensmittelbranche (Weinbau, Bierbrauerei) sind starke Wirtschaftsfaktoren. Zukunftstechnolgien sind die Biotechnologie von Alsace Biovalley um Straßburg, ein Forschungs- und Entwicklungszentrum für das ›Automobil der Zukunft‹ sowie Robotik, Fiberoptik u. a. um Mulhouse.

Flussufern hilft nicht nur beim Erhalt der Störche, ist aber naturgemäß eine länger dauernde Nachhaltigkeitsinitiative. Heute nisten jedenfalls wieder an die 300 Paare vor Ort – eine stabile, aber noch zu steigernde Population – in den riesigen Nestern, ob in Dörfern oder eigens angelegten Parks.

Schick

Auf dem Land nimmt natürlich niemand daran Anstoß, dass man Outdoor-Kleidung trägt. Wer allerdings in Straßburg oder Mulhouse ›unauffällig‹ in die lokale Szene eintauchen möchte, sollte auf Gesundheitsschuhe und Wanderjacke, an denen man deutsche Touristen vielerorts erkennt, verzichten und sich auf modernen City-Schick verlegen. Vor allem in den eleganten Restaurants kann man sich ruhig etwas feiner anziehen: Sakko und Krawatte sind nicht ungewöhnlich. Einige städtische Clubs und Bars haben Türkontrollen, die allzu unmodisch oder prollig daherkommende Anwärter rigoros aussortieren. Vor allem die Ladys können nie trendig genug gekleidet sein.

Wappen

Das aktuelle Wappen des Regionalrats nimmt das der historischen Region aus dem 17. Jh. auf und stellt eine Vereini-

gung des oberelsässischen (Département Haut-Rhin) und unterelsässischen (Département Bas-Rhin) Wappens dar: ein weißer, mit Lilienbändern gesäumter Schrägbalken sowie sechs goldene Kronen (von den Habsburgern) auf rotem Grund.

Storchenpaare brüten in Riesenrad-Nestern

Geschichte, Gegenwart, Zukunft

Vorzeit und Römerzeit

Seit etwa 600 000 Jahren siedeln Menschen auf den fruchtbaren Böden des Elsass. Um 750 v. Chr. hielten die Kelten Einzug, 58 v. Chr. leitete Caesar mit dem Sieg bei Wittolsheim über die Germanen die 400-jährige römische Herrschaft im Elsass ein. Die gallorömische Kultur mit Geldwirtschaft, organisiertem Herrschaftswesen und einer luxuriösen Alltagskultur war eine Blütezeit für das Elsass, das von seiner handelspolitisch günstigen Lage im Rheintal profitierte. Als die germanischen Franken und Alemannen ab etwa 450 n. Chr. über den Grenzwall des Limes ins Elsass vordrangen, folgte eine dunkle Zeit des Kulturverlusts – und der allmählichen Christianisierung.

Im Mittelalter

Von etwa 670 bis 740 herrschte die Herzogsdynastie der Etichonen im Auftrag der merowingischen Könige im Elsass und gründete die ersten Klöster wie Hohenbourg auf dem Odilienberg, Murbach und Marmoutier. 740 zerschlugen die Karolinger das ihnen zu mächtig gewordene Herzogtum in die Grafschaften Nord- und Sund(= Süd)- gau. Diese Zweiteilung des Elsass (Départements Bas-Rhin und Haut-Rhin) dauert bis heute an. Die Straßburger Eide besiegelten 842 die Teilung des Frankenreiches in das spätere Deutschland und Frankreich: Ludwig der Deutsche schwor in Altfranzösisch, sein gegnerischer Bruder Karl der Kahle in Althochdeutsch, damit die jeweils anderen Heere sie verstanden.

Die staufische Herrschaft von 1070 bis 1250 war das zweite Goldene Zeitalter des Elsass, eine Blüteepoche von Kirchen- und Burgenbau, Literatur (Gottfried von Straßburgs »Tristan«), Buchmalerei (Herrad von Landsbergs »Hortus Deliciarum«) und Kunst. Als zehn elsässische Städte 1354 den Zehnstädtebund gründeten, markierte dies den Aufstieg und die wirtschaftliche Macht des Bürgertums.

Frühe Neuzeit

An der Wende vom 15. zum 16. Jh. ermöglichte die Erfindung des Buchdrucks die Verbreitung des humanistischen und später des reformatorischen Gedankenguts. Herausragende Persönlichkeiten des Elsässischen Humanismus waren Geiler von Kaysersberg, Sebastian Brant (»Das Narrenschiff«) und Beatus Rhenanus. Während der Reformation kam es zu Bauernaufständen und deren gewaltsamer Unterdrückung. Besonders grausam wütete der Dreißigjährige Krieg 1618 bis 48 im Elsass; die meisten Burgen wurden zu Ruinen.

Zwischen Frankreich und Deutschland

Durch die gewaltsame Reunionspolitik von König Ludwig XIV. (ca. 1670–97) fiel fast das gesamte Elsass an Frankreich. Während der Französischen Revolution von 1789 an zeigte sich, dass die Übernahme französischer Kultur und Sprache im Elsass einen vorläufigen Höhepunkt erreicht hatte: Rouget de l'Isle komponierte in Straßburg die »Marseillaise« und Deutsch galt nun als die ›Sprache des

Ein Symbol der Europastadt: das Europaparlament

Feindes‹. Als letztes Territorium im Elsass wurde Mulhouse 1798 auf eigenen Beschluss französisch.

Nach dem Deutsch-Französischen
Krieg 1870/71 musste Frankreich
jedoch Elsass und Lothringen an das
neu gegründete wilhelminische Kaiserreich abtreten. Im »Reichsland Elsass-
Lothringen« wuchs der Widerwille gegen die deutsche Eroberung.

Der Erste Weltkrieg 1914–1918 sah
erbitterte Grabenschlachten, u. a. in
den Südvogesen. Viele Elsässer wurden
in die deutsche Armee zwangseingezo-
gen. Mit dem Vertrag von Versailles fie-
len Elsass und Lothringen zur Freude
ihrer Bewohner wieder an Frankreich.

Doch noch stand ein weiterer, der
schmerzhafteste Nationalitätenwech-
sel bevor: Im Zweiten Weltkrieg an-
nektierte Hitler Elsass und Lothringen.
Terror und Verfolgung der nationalso-
zialistischen Besetzung hinterließen
ein tiefes Trauma bei den Elsässern.
Fast die gesamte jüdische Bevölkerung
wurde ermordet.

Die Region in Europa

1944 befreiten die Alliierten das Elsass,
das seitdem endgültig zu Frankreich gehört. 1958, als Straßburg Sitz des Europäischen Parlaments wurde, begann eine
neue Epoche. Die elsässische Hauptstadt
wurde nach und nach Sitz zahlreicher eu-
ropäischer Institutionen. 1999 erhielten
die europäischen Parlamentarier mit dem
megamodernen Europaparlament, das
nach Louise Weiss benannt ist, eine wür-
dige Heimstatt und der »Jardin des Deux
Rives« zwischen Kehl und Straßburg gilt
als symbolträchtige gartenbautechnische
Uferverschmelzung. Die wirtschaftliche
Verflechtung des Elsass mit seinen Nachbarn Deutschland und Schweiz ist ohnehin ausgesprochen eng.

Von einem neuen regionalen Selbst-
bewusstsein spricht auch die Tatsache,
dass das Elsass als ›europäisches Labo-
ratorium‹ einen eigenen Pavillon auf
der EXPO 2010 in Schanghai unterhielt
und alle Welt stolz an seinen kulturellen, industriellen und kommunikativen
Kompetenzen teilhaben lässt.

… wie Gott im Elsass

Alle französischen Hotels sind in einem System mit bis zu vier Sternen klassifiziert, die nach Ausstattung und Komfort, nicht nach ästhetischen Gesichtspunkten vergeben werden. Ab zwei Sternen kann man Dusche oder Bad mit WC, Telefon und meist auch Fernsehen auf jedem Zimmer erwarten. Die Preise gelten für ein Doppelzimmer ohne Frühstück, Einzelzimmer sind meist nur unwesentlich oder gar nicht billiger. Die meisten Hotels bieten verschieden luxuriöse Zimmer zu unterschiedlichen Preisen und je nach Saison gestaffelte Tarife an. Wer die günstigen bekommen will, muss frühzeitig reservieren.

Im **Logis de France** haben sich rustikal-familiäre, in der Regel ordentliche Hotels mit zwei oder drei Sternen zusammengeschlossen. Ihr Signet ist ein gelber Kamin auf braunem Grund (www.alsacelogis.com).

Frühstück extra

Das *petit déjeuner* fällt mit Kougelhopf, Croissants, Blätterteiggebäck, Wurst und Käse meist reichhaltiger als sonst in Frankreich aus, schlägt jedoch noch einmal zusätzlich mit 7–20 € zu Buche. Viele Hotels bieten das Frühstück als Buffet an. Hier setzt sich immer mehr ein internationales Frühstück mit den üblichen Verdächtigen Spiegelei und Schinken durch. In manchen Chambres d'Hôtes und individuellen Hotels kann man sich morgens an selbstgemachten Konfitüren und Eiern hauseigener freilaufender Hühner laben.

Stadt oder Land?

In den Städten mit ihrem breiten Kultur- und Nachtlebenangebot sind die Preise am höchsten. Ungeschlagener Preis-Spitzenreiter ist Straßburg. Für Rundreisen empfehlen sich mittelgroße Orte wie Obersteinbach fürs Nordelsass, Ottrott, Ribeauvillé oder Hunawihr für die Weinstraße. Hier ist das touristische Angebot gut, die Preise sind erträglich, die Entfernungen ohnehin nicht groß.

Jugendherbergen

Elsässische Jugendherbergen *(auberge de jeunesse)*, gibt es u. a. in Colmar, Mulhouse und Straßburg. Besonders feudal kommt man in Saverne unter, wo die Jugendherberge in einem Flügel des Rohan-Schlosses untergebracht ist. Alle Details findet man unter www.tourisme-alsace.com/de/hostels. Die Übernachtung im Schlafsaal kostet ab etwa 9 €. Man benötigt einen internationalen Jugendherbergsausweis.

Campingplätze

Bei den Fremdenverkehrsämtern gibt es die Broschüre »Guide des campings d'Alsace«, im Internet unter www.tourisme-alsace.com/de/campingplatze-und-unterkunft-im-freien auch eine Buchungsmöglichkeit. Die meisten der über 100 Plätze, klassifiziert mit ein bis vier Sternen, sind nur während der Hauptsaison geöffnet. Für ein Zweimann-Zelt mit Auto sollte man um die

16 € rechnen. Auch unter www.gites-de-france-alsace.com findet man Campingplätze.

Chambres d'hôtes

Bed & Breakfast auf Elsässisch: Mehr als in anderen französischen Regionen bieten im Elsass Privatpersonen – u. a. Winzer und Bauern – Übernachtungen mit Frühstück an. Die Zimmer können einfach mit fließend kaltem/warmem Wasser, aber auch kleine Suiten mit ausgefallenem Wohndesign sein. *Chambres d'hôtes* (Gästezimmer) gibt es in den Weinorten, den Ackerbauorten der Ebene und den Vogesendörfern, nicht dagegen in den Städten. Freundlicher Empfang, ein Schwätzchen und Beratung bei der Urlaubsplanung vor Ort sind ebenso inbegriffen wie das Frühstück.

Ferienwohnungen (Gîtes)

Gîtes ruraux, Wohnungen oder ganze Häuser auf dem Land, werden in der Saison wochenweise (Sa bis Sa), in der Nebensaison auch oft für ein Wochenende oder tageweise vermietet. Die Einrichtung ist einfach, meist rustikal und in braunen Farben gehalten. In den allerwenigsten Fällen findet man ein modernes Design vor. Die Preise differieren je nach Saison, Ausstattung (*ein bis vier Ähren, épis*) und Belegkapazität von etwa 180 bis über 800 €. Infos und Buchung unter www.gites-de-france-alsace.com.

Die meisten Ferienorte bieten zudem eine Broschüre über lokale Anbieter an, die nicht alle unter »Gîtes de France« firmieren und deshalb nicht über deren Homepage zu finden sind.

Hotelpakete

Bei den Tourismusbüros der Départements Bas-Rhin und Haut-Rhin (s. S. 21) können Sie aktuelle »Pakete« erhalten, die von Themenurlauben zu Gastronomie oder Kultur bis zu Sonderangeboten in der Nebensaison und Wochenendkurztrips reichen. Wie wäre es mit einem Valentinswochenende für Verliebte, ein paar Tagen Wellnessurlaub, einer Mini-Kreuzfahrt mit elsässischen Sterneköchen oder einem Adventswochenende für die ganze Familie? Auch Fahrrad-, Wander- und Golfaufenthalte werden angeboten. Dazu wird die Broschüre »Wochenend- und Kurzreisen« herausgegeben. Im Internet findet man Sonderangebote unter www.tourisme-alsace.com.

Billig-Hotelketten

Sie schonen den Geldbeutel, doch sind die genormte Fertigbauweise und die Lage, meist außerhalb in Gewerbegebieten, an großen Verkehrskreiseln etc., nichts für Leute mit Anspruch. Bei Arcotel, Bonsai, Etap, Formule 1, Première Classe, Roi Soleil usw. bekommt man standardisierte, funktionale Zimmer für zwei oder mehr Personen ab 30 €.

Günstiger via Internet

Viele Hotels bieten Sonderpreise bei Internetbuchung. Aber auch bei www.LateRooms.com, www.hotels.com und vielen anderen Internetmaklern gibt es teils erhebliche Preisnachlässe. Wichtig: Auf alle Fälle vergleichen, z. B. bei www.tripadvisor.de, denn teilweise herrscht ein wahrer Tarifdschungel.

Flammkuchen

Eine *tarte flambée* ist ein hauchdünner, im heißen Steinofen kurz gebackener Brotteig mit einem Belag aus *crème fraîche/crème double*, Speckstreifen und Zwiebeln – die preiswerteste Art, im Elsass satt zu werden. Serviert werden Flammkuchen in Dorfgaststätten, Pizzerien, den touristischen Restaurants der Weinorte und auch in Brasserien und Szenelokalen. Die großen Flammkuchen kommen auf dem Holzbrett mit einem Messer für den ganzen Tisch, man isst mit den Fingern. Ein Flammkuchen kostet ab 6 € aufwärts.

Melkeressen auf der Alm

Ebenfalls sehr preiswert isst man in den *Fermes-auberges*. Das bodenständige Standardessen auf den Bauerngasthöfen der Vogesen ist die *repas marcaire*: Suppe, Kasslerbraten mit Roigabrageldi, Munster mit Kümmel oder Frischkäse mit Kirschwasser *(fromage blanc au kirsch)*. Mit 10–15 € sind Sie dabei. Beim Thema Grand Ballon (S. 94) finden Sie mehr dazu.

In der Winstub

Die nächst höhere und teurere Stufe der elsässischen ›Fresshierarchie‹ ist die Winstub, in der man nur selten trinken darf, ohne etwas zu verzehren. In der Regel gibt es Deftiges wie Presskopf, Bibeleskäs, Fleischnacka, Schiffala, Blutwurst, Schweinshaxe, gehaltvolle Salate, hausgemachte Obsttorten und das allgegenwärtige *choucroute*, auf dem Räucherfleisch und Wurst serviert werden *(garni, royale)*, immer öfter auch Fisch oder *canard confit*, eingemachte Ente. Ein dreigängiges Winstubessen kostet ab etwa 20 €.

Im Gourmetrestaurant

Die elsässische Spitzenküche steht für eine Verfeinerung der traditionellen Regionalküche. Durch Einflüsse aus Fernost oder dem Mittelmeerraum gewinnen regionale Spezialitäten einen leichteren, modernen Aspekt. Die Leibspeise der *haute cuisine alsacienne* ist *foie gras*, Gänsestopfleber. Ein 3-Gänge-Menü im Sternerestaurant kostet generell ab 40 € aufwärts bis in den dreistelligen Bereich.

In der »Fédération des Chefs de Cuisine Restaurateurs d'Alsace« – Emblem: die Strichzeichnung einer Kochmütze – haben sich Köche mit dem Anspruch zusammengefunden, ausschließlich frische Produkte zu verwenden (www.restaurateurs-alsace.com).

Wein

In der traditionellen *flûte*, der schlanken grünen Flasche, sind die AOC-Qualitätsweine *(appellation d'origine contrôlée)* abgefüllt. Die sieben im Elsass angebauten Rebsorten sind:

Pinot Blanc: fruchtiger Weißburgunder.

Sylvaner: leicht und trocken.

Pinot Noir: fruchtiger Spätburgunder, als Rotwein oder Rosé ausgebaut.

Riesling: der Klassiker, trocken.

Gewürztraminer: parfümiert, kräftig.

Pinot Gris: kräftiger, bukettreicher Grauburgunder.

Muscat: aromatischer Weißer, Muskateller.

Von Riesling, Gewürztraminer, Pinot Gris und Muscat gibt es Grands Crus, Edelgewächse besonders bevorzugter und streng ausgewiesener Lagen.

In guten Jahren kann der Winzer Spätlesen *(vendanges tardives)* und Trockenbeerenauslesen *(sélection de grains nobles)* produzieren, die besonders gehaltreich sind und ihren Preis haben.

Der Crémant d'Alsace ist ein trockener Sekt, der aus elsässischen Qualitätsweinen nach der Champagnermethode hergestellt wird.

Kenner rümpfen eher die Nase über den Edelzwicker, einen Verschnittwein, der kein AOC-Prädikat hat und am nächsten Tag zu einem schweren Kopf führen kann.

Neben ausgezeichneten Schnäpsen ist die Region auch für ihr Bier berühmt. Man muss im Restaurant also nicht zwingend Wein bestellen.

Gewürztraminer von Bott, Ribeauville

Wo bekommt man was?

Im **Salon de thé** bekommt man Gebäck, Konditoreiwaren und Kaffee, mittags auch kleine Snacks. Im eigentlichen **Café** nur Getränke von Kaffee bis Bier, in manchen Cafés aber auch kleine bis große Speisen. Die **Brasserie** ist dagegen keine »Brauerei«, sondern ein Bistro, wo man entweder nur einen Salat oder Flammkuchen, aber natürlich auch mehr essen kann. Die Übergänge zum **Restaurant** und zur **Winstub**, wo man mehrere Gänge isst, sind fließend.

Nur ein Getränk kann man in Cafés und Bars, seltener außerhalb der Stoßzeiten in einer Winstub oder Brasserie bestellen. Wer jetzt etwas verwirrt ist, fragt zur Sicherheit am besten einfach vor Ort nach.

Öffnungszeiten

Kernöffnungszeiten sind 12–14 und 18.30 (bei Winstubs) bzw. 19.30 (bei Restaurants) bis 22 Uhr. Montag und Sonntag sind die beliebtesten Ruhetage. Restaurantferien werden häufig in den Jan./Feb. oder auch in die Schulferienzeit Juli/Aug. gelegt.

Günstiger essen

In der Regel ist ein vom Küchenchef zusammengestelltes Menü billiger als à la carte. Manchmal werden sogar passende Weine zu jedem Gang angeboten *(vins compris)*.

Mittags zu essen kostet immer weniger als abends: eine gute Möglichkeit, die vielleicht sonst unerschwingliche Küche eines Spitzenrestaurants auszuprobieren.

Anreise

... mit dem Flugzeug

Der kleine Internationale Flughafen **Strasbourg-Entzheim** liegt 16 km südwestlich vom Stadtzentrum. Er wickelt hauptsächlich innerfranzösische, aber auch Flüge aus Berlin, Düsseldorf, Hamburg, München und Wien ab (Tel. 03 88 64 67 67, www.strasbourg.aeroport.fr). Vom Flughafen in die Stadt: Stündlich von 5.30 bis 22 Uhr fährt ein Shuttlezug zum Gare Centrale. Bis zum letzten Flieger um 23 Uhr stehen Taxis bereit, die etwa 30 € für die Fahrt nehmen.

Der binationale Flughafen **Euro Airport Basel–Mulhouse–Freiburg (D 13)**, www.euroairport.com, Tel. 41 061 325 31 11, liegt etwa 20 km südlich von Mulhouse, näher an Basel. Metro-Cars fahren regelmäßig zum Bahnhof von St-Louis (www.distribus.com), von dort gelangt man mit dem Zug nach Mulhouse. Ein Taxi nach Mulhouse kostet ca. 45 €. EasyJet, www.easyjet.com, fliegt täglich u. a. von Berlin, Düsseldorf und Hamburg, Austrian Airlines, www.austrian.com, täglich von Wien.

... mit der Bahn

Straßburg liegt im Zentrum des gut ausgebauten elsässischen Schienennetzes. Zwischen Straßburg, Mulhouse und Basel verkehren regionale Hochgeschwindigkeitszüge. Direkt reist man z. B. von Basel, Karlsruhe, München, Offenburg, Stuttgart, Wien oder Zürich nach Straßburg, ansonsten mit Umsteigen in Karlsruhe oder Offenburg. Seit 2007 verbindet der TGV Est Straßburg in 2 Std. 20 Min. mit Paris, in 2 Std. 5 Min. mit Zürich und in 1 Std. 20 Min. mit Stuttgart (Tel. 08 92 35 35 35, www.tgv.com).

Vergünstigungen, Suchmaschinen für sämtliche Fahrpläne und Verbindungen sowie eine Online-Buchungsmöglichkeit (Sie können sich Ihr Ticket selbst ausdrucken) finden Sie unter www.sncf-voyages.com.

... mit dem Auto

Wer von Norden kommt, sollte die A 65 nehmen (mit einem kurzen Stück Landstraße zwischen Kandel und Lauterbourg). Die wenig befahrene A 35 nach Straßburg ist der immer vollen A 5 auf deutscher Seite vorzuziehen. Von der Schweiz ist es nur ein Katzensprung nach Mulhouse und in den Sundgau.

Einreisebestimmungen

Für EU-Staatsbürger und Schweizer reicht der Personalausweis, bei einem Aufenthalt von über drei Monaten muss eine *carte de séjour* beantragt werden. Achtung: Mit einem alten Führerschein kann man Probleme bekommen, am besten besorgt man sich den neuen EU-Führerschein im Scheckkartenformat. Hunde und Katzen brauchen eine gültige Tollwutimpfbescheinigung. Tiere im Alter von unter drei Monaten dürfen nicht mitgenommen werden.

Zollbestimmungen: In der EU wird auf Waren für den Eigenbedarf kein Zoll erhoben. Man kann bis zu 90 l Wein, 800 Zigaretten und 10 l Spirituosen mitnehmen. Für Schweizer gelten die Werte: 200 Zigaretten, 1 l Spirituosen und 2 l Wein.

Feiertage

1. Jan.	Neujahrstag (Jour de l'An)
Oster-montag	(Lundi de Pâques)
1. Mai	Tag der Arbeit (Fête du Travail)
8. Mai	Kapitulation Hitler-Deutschlands, Ende des Zweiten Weltkriegs (Armistice de 1945)
Christi Himmel-fahrt	(Ascension)
Pfingst-montag	(Lundi de Pentecôte)
14. Juli	Nationalfeiertag, Sturm auf die Bastille
15. Aug.	Mariä Himmelfahrt (Assomption)
1. Nov.	Allerheiligen (Toussaint)
11. Nov.	Waffenstillstand, Ende des Ersten Weltkriegs (Armistice de 1918)
25. Dez.	Weihnachten (Noël)

Zusätzlich zu diesen frankreichweiten Feiertagen kommen im Elsass hinzu:
Karfreitag
26. Dezember

Feste und Festivals

Fastnachtsumzüge: Feb./März, z. B. in Mulhouse – traditionell alemannisch –, Sélestat und Lauterbourg.
Schieweschlawe: am Sonntag nach Fastnachtsdienstag, Offwiller. Zum ›Austreiben‹ des Winters werden brennende Holzscheiben zu Tal geschlagen.
Deutschsprachige Passionsspiele: an den letzten sechs Sonntagen vor Ostern, Masevaux, www.ot-masevaux-doller.fr.
Les Heures Baroques: erste Maihälfte, Mulhouse, Barockmusikfestival.

Festival Voix et Route Romane: Mai bis Mitte Juli und im September Festival mittelalterlicher Musik.
Pfingsten: Wissembourg, großes Folklorefest mit Trachtenumzug, bei dem die traditionell im Umland gezüchteten Pferde eine wichtige Rolle spielen.
Fronleichnam (Fête Dieu): am ersten auf Fronleichnam folgenden Sonntag im Juni, Geispolsheim. Die bedeutendste und größte Prozession mit bunt geschmückten Straßen, Kostümen und Folklore, www.ville-geispolsheim.fr.
Festival International de la Musique: Juni, Straßburg, www.festival-strasbourg.com. Beim ältesten Festival klassischer Musik in Europa geben sich die renommiertesten Interpreten und Orchester die Ehre. Hauptspielstätte: Palais de la Musique et des Congrès.
Euro Mineral: letztes Juniwochenende, Ste-Marie-aux-Mines, www.euromineral.fr. Eine der größten Minrealienbörsen Europas.
Juli: In der touristischen Hochsaison im Sommer feiert jeder Weinort sein Weinfest, darüber hinaus gibt es viele Dorffeste mit Musik, Folklore und kulinarischen Attraktionen.
Festival International de Musique de Colmar: erste Julihälfte, www.festival-colmar.com. Der aufsteigende Stern der europäischen Festivalszene hat jedes Jahr ein neues Schwerpunktthema unter der Leitung von Vladimir Spivakov.
Festival Automobile: Anfang Juli, Mulhouse, Oldtimerrallye.
Bêtes de Scène: Mitte Juli, Mulhouse, Rockfestival.
Streisselhochzeit: dritter Sonntag im Juli, Seebach. Traditionelle elsässische Hochzeit, prächtige Trachten, Folklore usw., www.uas.fr.
Corso Fleuri: zweiter Samstag im Aug., Sélestat, bedeutendster Blumenkorso der gesamten Region, mit

Reiseinfos von A bis Z

500 000 Dahlien geschmückte Wagen, Folklore, Musik etc., www.corso-fleuri. fr.

Festival Météo: zweite Augusthälfte, Mulhouse; Musikfestival, www.festival-meteo.fr.

Mariage de l'Ami Fritz: 14./15. Aug., Marlenheim. Die Hochzeit der beliebten Figur aus den Romanen von Erckmann-Chatrian (19. Jh.) ist Folklore pur, www.mariage-ami-fritz.fr.

Pfifferdaj: am ersten Sonntag im Sept., Ribeauvillé (s. S. 66). Bekanntestes, größtes, ältestes Folklorefest des Elsass, das auf das 15. Jh. zurückgeht, www.ribeauville-riquewihr.com.

Foire Européenne: erste Septemberhälfte, Straßburg, www.foireurop.com. Die Europamesse im Stadtgebiet Wacken ist die größte Verbrauchermesse der Region und bietet neben Elektronik, Möbeln und Haushaltsgegenständen auch lohnenswerte Produkte der elsässischen Handwerker, Kunsthandwerker, Winzer und besonderer Nahrungsmittelproduzenten.

Journées du Patrimoine: Mitte Sept. im ganzen Elsass, www.journeesdupatrimoine.culture.fr. Die (europäischen) ›Tage des Kulturerbes‹, ein Wochenende der offenen Tür, gewähren Zugang zu vielen historischen Bauten, die sonst geschlossen sind.

Sauerkrautfeste: finden am zweiten Septemberwochenende in Meistratzheim und am ersten Septemberwochenende in Krautergersheim statt, www.obernai.fr.

Musica: Ende Sept./Anfang Okt., Straßburg, www.festival-musica.org. Das Festival internationaler zeitgenössischer Musik ist ein Fixpunkt der internationalen Musikszene. Gespielt wird auch an ›zweckentfremdeten‹ Orten wie Schwimmbädern oder Fabriken.

Sélest'Art: Sept./Okt., Sélestat. Biennale der zeitgenössischen Kunst, immer unter einem anderen Thema, www.selest-art.fr.

ST'ART: Ende Nov., Straßburg, www.st-art.com: Galerien aus ganz Europa stellen auf dieser internationalen Messe zeitgenössischer Kunst in Wacken aus. Zu sehen sind Arbeiten junger, aber auch etablierter Künstler der klassischen Moderne wie Picasso.

Weihnachten (Noël): Eine breite Palette von Veranstaltungen findet im Dez. statt: Konzerte, Weihnachtsliedersingen, Krippen, auch sogenannte ›lebende‹ Krippen mit Schauspielern, Führungen, Nikolausumzüge, z. B. in Sélestat, kulinarische Probiertage und Mitternachtsmetten. Besonders festlich sind diese im Straßburger Münster, in Thann und Colmar.

Im Gegensatz zum übrigen Frankreich wird im Elsass mit seinen alemannischen Traditionen Weihnachten groß gefeiert. Allerorten gibt es stimmungsvolle Christkindlmärkte mit Glühwein und Weihnachtsgebäck, z. B. in den Städten Straßburg, Kaysersberg, Thann, Colmar, Wissembourg (berühmt für den riesigen Adventskranz), Wangenbourg-Enthal, Bouxwiller und Sélestat. Zu Nikolaus werden die Männele gebacken, ofenfrische Nikolausmännchen aus Hefeteig mit Rosinen. Die Kinder bekommen Besuch vom Nikolaus, dem Christkind ganz in Weiß mit der kerzengeschmückten Tannenkrone und dem schwarzen »Hans Trapp«. Letzterer ist die elsässische Variante von Knecht Ruprecht. Sein Maultier heißt in der Region Peckeresel.

Der weihnachtliche Tannenbaum, der zunächst nur mit Äpfeln behangen war, ist eine elsässische Erfindung vom Ende des 18. Jh.; Mitte des 19. Jh. schließlich kreierten einige Glasbläser von Meisenthal in den Nordvogesen den ersten nicht essbaren Weihnachtsbaumschmuck. Mehr dazu unter: www.noel-alsace.com.

Gesundheit

Mit der Europäischen Krankenversicherungskarte (EHIC) Ihrer Krankenkasse – auf der Rückseite der normalen Versichertenkarte – gehen Sie in ein Krankenhaus oder zu einem niedergelassenen Arzt. Nun gibt es zwei Möglichkeiten. A: Der Arzt behandelt Sie und reicht seine Rechnung bei Ihrer heimischen Krankenkasse ein. B: Der Arzt stellt Ihnen eine Privatrechnung, die Sie vor Ort begleichen müssen. Zu Hause reichen Sie sie bei Ihrer Krankenkasse ein, bekommen aber nur den gesetzlichen Tarif zurück, sodass Sie auf ca. zwei Dritteln der Rechnung sitzenbleiben. Eine zusätzliche Reisekrankenversicherung, z. B. beim ADAC oder bei der eigenen Krankenkasse, wird dringend empfohlen. Dann bekommen Sie auch den Differenzbetrag zwischen gesetzlichem und privatem Tarif erstattet. Außerdem ist hier meist eine Reiserücktransportversicherung eingeschlossen. Französische Apotheken *(pharmacies)* erkennt man an ihren großen grünen Neonkreuzen. Viele Medikamente sind günstiger als in Deutschland. Notdienste werden in einem Aushang bekannt gegeben.

Informationsquellen

Französische Fremdenverkehrsämter
Informationsmaterial und Broschüren erhält man bei der Maison de la France (Französisches Fremdenverkehrsbüro).

… in Deutschland
Postfach 10 01 28, 60001 Frankfurt/Main, Fax 069 74 55 56, www.franceguide.com

… in Österreich
Lugeck 1–2, 1010 Wien, Tel. 0900 25 01 15, http://at.franceguide.com

… in der Schweiz
Rennweg 42, 8021 Zürich, Tel. 01 217 46 00, http://ch-de.franceguide.com

Im Internet
Länderkennung ist .fr. Hauptsprache der Websites ist Französisch, doch haben fast alle Hotels, Restaurants und Tourismusseiten eine deutsche und/ oder englische Version. Beim Schreiben werden die französischen Akzente weggelassen, also nicht »pêche«, sondern »peche« eingeben. Nützlich sind die französischen ›Gelben Seiten‹, www.pagesjaunes.fr, wo man nach Kategorien, Namen, Orten oder Adressen suchen kann.

www.tourisme-alsace.com: Ansprechend gestaltete Website des elsässischen Tourismusvereins, auch auf Deutsch (die vielen Links sind dann wieder auf Französisch). Sonder- und Pauschalangebote, ein Tages- und Jahresveranstaltungskalender, ausführliche Informationen zu allen Sportarten, zu Kultur, Gastronomie, Unterkunft, Führungen und Adressen der Tourismusvereine.

www.tourisme68.com: Homepage des Fremdenverkehrsvereins des Départements Haut-Rhin, Buchung, Veranstaltungskalender u. v. m., auch auf Deutsch.

www.tourisme67.com: Das Gleiche für das Département Bas-Rhin, auch auf Deutsch.

www.vinsalsace.com: Homepage der Winzervereinigung mit Infos zu Weinlehrpfaden, Weinfesten, Weinbruderschaften, Winzern, Rebsorten, prämierten Weinen, Rezepten, der Weinstraße u. v. m., auf Französisch.

www.alsace.net: Jahrbuch der elsässischen Websites ohne Anspruch auf Vollständigkeit, auf Französisch.

www.dna.fr: Internetausgabe der größten elsässischen Zeitung »Dernières Nouvelles d'Alsace«, straßburgzentriert und hauptsächlich für das Département Bas-Rhin, Aktuelles aus aller Welt und aus der Region, Veranstaltungshinweise, Wetterbericht; auf Französisch.

www.region-alsace.eu: Website des Regionalrats mit aktuellen Bildern, Infos zu Geschichte, Verwaltungsaufbau, Politik, Tourismus, Leben im Elsass, Investieren im Elsass; auch auf Deutsch.

www.meteo.fr: das Wetter auf Französisch.

Kinder

Unterkunft

Kinder und Familien mit Kindern sind überall gern gesehen, und generell bemüht man sich, den Bedürfnissen der kleinen Reisenden nachzukommen. In den meisten Hotels wird gegen einen geringen Aufpreis ein Kinderbett *(lit d'enfant)* ins Zimmer der Eltern gestellt, ganz kleine Kinder übernachten meist kostenlos, für ältere gibt es Kinderrabatt.

Manche Hotels, vor allem die der oberen Kategorie, bieten einen Babysitterdienst *(garderie)* an, wenn die Eltern in aller Ruhe zu Abend essen oder ausgehen möchten. Hier empfiehlt sich auch die Mitnahme eines Babyfons, wenn man im Hotel essen möchte und den Nachwuchs zu Bett gebracht hat.

Ferienwohnungen oder Gästezimmer auf dem Land eignen sich natürlich besonders für Familien. Unter www.gites-de-france.com/gite-enfant.html findet man sie.

Essen

Fast alle Restaurants verfügen über Kinderstühle *(chaise d'enfant)* für die ganz

Kleinen und die meisten bieten auch ein reduziertes Kindermenü *(menu d'enfant)* an. Man kann auch um ein zusätzliches Gedeck bitten und das Kind von den eigenen Speisen mitessen lassen.

Generell dauert ein mehrgängiges Menü, vor allem in den oberen Kategorien, mindestens 2 Stunden. Je nach Alter und Geduld der Kinder sollten Sie Gourmetrestaurants also vielleicht besser meiden. Einfachere Winstubs oder ein Flammkuchenessen (da darf man mit den Fingern essen) sind deshalb in der Regel nervenschonender.

Unternehmungen

Minizüge: kommen bei den Kleinen gut an, viele Eltern hassen sie. Bimmelnd und zuckelnd geht es durch Colmar, Dambach-la-Ville, Eguisheim, Ribeauvillé, Riquewihr, Straßburg und Wissembourg. Im Internet: www.petit-train.com.

Böotchentouren: In Straßburg (s. S. 52) und Colmar (s. S. 84) geht es im Boot zur Stadtbesichtigung. Auch Burgenbesichtigungen, die es in den Nordvogesen und von der Weinstraße aus zuhauf gibt, sind meist angesagt, vorausgesetzt, man nimmt Regenschutz, stabiles Schuhwerk und ausreichend zu trinken mit.

Kindgerechte Amusements: die Besichtigung der Haut-Koenigsbourg (s. S. 67), das Aquarium von Ottrott (s. S. 57), das Ecomusée in Ungersheim (s. S. 106), der Storchenpark in Hunawihr (s. S. 10 und 73) und die Minentour bei Ste-Marie-aux-Mines (s. S. 93). Mulhouse ist mit modernen Museen zur Industriegeschichte (s. S. 102) und dem Zoo (s. S. 100) ein tolles Erlebnis für Kinder, ebenso die sportlichen Aktivitäten am Lac Blanc (s. S. 91).

Klima und Reisezeit

Das Klima ist gemäßigt und halbkontinental mit heißen, in der Tiefebene häufig schwülen Sommern und recht kalten Wintern. An den Westhängen der Vogesen regnen sich die meisten Tiefausläufer ab, sodass in der restlichen Region weniger Regen fällt. Colmar hat die geringsten Niederschlagsmengen von ganz Frankreich! An den geschützten Vogesenvorbergen und im Rheinischen Graben gibt es jeden Sommer neue Hitzerekorde. Oben auf den Vogesen weht dann meist noch ein kühles Windchen. Bis in den Mai hinein liegt Schnee in den höheren Gebirgsregionen wie um die Route des Crêtes.

Das Elsass hat eigentlich immer Saison. In der Hochsaison in Juli/August wird es auf dem Straßburger Münsterplatz, in der Colmarer Altstadt, in Kaysersberg und auf der Route des Crêtes voll. Allerdings ist das Wandern auf den Hochweiden dann auch besonders schön, und abseits der Straße bleiben Wanderer zwar nicht allein, aber doch recht ungestört. Wer es einrichten kann, abseits der Schulferien zu kommen, findet mit Frühling und Herbst geeignete

Jahreszeiten für eine Tour ins Elsass. Auch die Vorweihnachtszeit, wenn in fast allen elsässischen Orten Weihnachtsmärkte stattfinden, wird bei Reisenden immer beliebter. Die vielfältigen Kulturangebote und der Wintersport auf den Vogesenhöhen sorgen gleichzeitig dafür, dass man auch im Winter einen erlebnisreichen Elsass-Urlaub verbringen kann.

Öffnungszeiten

Banken: Mo–Fr 9–12, 14–17 Uhr.
Post: Mo–Fr 8–18.30, Sa 8–12 Uhr.
Geschäfte: schließen oft mittags von 12–14 Uhr. Läden in den Touristenorten und Hypermarchés öffnen auch So und bis spät in den Abend, Do ist langer Abend, Mo oft geschl.
Museen: Schließtag meist Mo oder Di.
Tourismusbüros: in kleineren Orten nur in der Saison geöffnet, meist Sa nachmittags und So geschl.
Kirchen: Katholische Kirchen sind in der Regel offen, protestantische geschl. (Schlüssel beim Pfarrer, im Rathaus – *mairie* – oder beim Nachbarn).

Klimadiagramm Straßburg

J	F	M	A	M	J	J	A	S	O	N	D
4	6	10	15	19	22	25	24	21	15	8	5

Mittlere Tagestemperaturen in °C

| -2 | -1 | 2 | 5 | 9 | 12 | 13 | 13 | 10 | 7 | 2 | -1 |

Mittlere Nachttemperaturen in °C

| 1 | 3 | 4 | 5 | 6 | 7 | 8 | 7 | 6 | 3 | 2 | 1 |

Sonnenstunden/Tag

| 9 | 8 | 9 | 10 | 12 | 11 | 10 | 10 | 8 | 8 | 9 | 9 |

Regentage/Monat

Rauchen

In Frankreich ist es seit 1992 bei Strafandrohung verboten, in öffentlichen Räumen zu rauchen. Im Gegensatz zu Deutschland hat es Frankreich tatsächlich geschafft, den blauen Dunst rigoros aus Restaurants und Kneipen zu verbannen. Vor den Bars bilden sich dann, wie europaweit zu beobachten, die Rauchertrauben, im Winter gewärmt von Gaslaternen.

Reisen mit Handicap

In der jährlich aktualisierten kostenlosen Broschüre »Hôtels. Restaurants«, die bei allen Fremdenverkehrsbüros erhältlich ist, weisen Logos mit einem weißen Haus auf blauem Grund auf Häuser hin, die speziell für Körperbehinderte, geistig Behinderte, Sehbehinderte bzw. Hörbehinderte eingerichtet sind. Dies sind meist neue Häuser sowie Kettenhotels.

Sport und Aktivitäten

Infos zu allen Sportarten findet man auf der Website www.tourisme-alsace.com unter »Vacances Actives« – Achtung! Die deutsche Version ›unterschlägt‹ ein paar Sportarten und Infos. Alle Broschüren können als PDF-Datei von der Website heruntergeladen werden.

Golf
Die sieben Golfplätze im Elsass von Nord nach Süd sind: Soufflenheim (www.golf club-soufflenheim.com), La Wantzenau (www.golf-wantzenau.fr), Le Kempferhof in Plobsheim (www.golf-kempferhof. com), Ammerschwihr Trois-Epis (www. golf-ammerschwihr.com), Elsass Golf-Club in Rouffach (www.golfsinalsace. com), Golf des Bouleaux in Wittelsheim (www.golf-bouleaux.asso.fr), Golf de la Largue im Sundgau (www.golf-lalargue. com). Broschüre: »Golf en Alsace«.

Hochseilgärten/Abenteuerparks
Der Vogesenwald bietet Hochseilgärten beste Möglichkeiten, ihre Drahtseilrutschen und Baumstege aufzubauen. In Ostwald bei Straßburg finden Sie Natura Parc, www.naturaparc.com, bei Nideck Arbr'Ascension (s. S. 86), am Lac Blanc den Parc d'Aventures (s. S. 91) und am Ballon d'Alsace AcroPark, www.acroparc.fr.

Klettern
Die vielen Elsässer Kletterreviere findet man zusammengefasst auf der Website www.tourisme-alsace.com unter Vacances Actives/Escalade. Auf der Insider-Website www.escalade-alsace. com sind alle Wände und Felsen exakt klassifiziert, dazu gibt es Blogs, Wettbewerbe u. v. m.

Luftsport
Im Umkreis der Route des Crêtes herrschen die nötigen Bedingungen, um mit Ballon oder Gleitschirm in die Luft zu gehen. **Aérovision**, 34, chemin de la Speck, Colmar, Tel. 03 89 77 22 81, www.aerovision-montgolfiere.com.

Trotz Stammadresse in Colmar gehen die Fahrten, z. B. ein halber Tag mit Frühstück für 230 €, im Munstertal los. **Centre Ecole du Markstein**, Chalet Le Point, Le Markstein, Tel. 03 89 82 68 54, www.centreecolemarkstein.com: Die erfahrene Crew bietet Kurse zum Gleitschirmfliegen und einen Flug im Zweisitzer ohne Vorkenntnisse an (biplace, 80 €). Übernachtung mit Frühstück für 20 € gibt es im Chalet.

Pferdesport
Das Elsass wird von mehreren Hundert Kilometern Reitwegen durchzogen. Vor allem in den Vogesen und in den Touristenorten werden Kutsch- und Pferdewagenfahrten angeboten. Auf der Website der regionalen Pferdesportorganisation, www.chevalalsace.com, findet man Infos zu Rund-Reitwegen, Reiterhöfen, etc. Broschüre: »Reiten im Elsass«.

Radwandern und Mountainbiking
Mit an die 2000 km Fahrradwegen ist das Elsass eine der privilegiertesten Regionen Frankreichs für Radler oder Geländeradfahrer (VTT). Besonders gut ausgebaut sind die Wege in und um Straßburg. Sportliche Biker kommen im Munstertal und in den bis über 1400 m hohen Südvogesen auf ihre Kosten, mit-

telschwere Touren führen durch das Hügelland des Kochersbergs, die Täler der Nordvogesen oder das hügelige Radlerparadies Sundgau. Für gemütliche Familientouren eignet sich die Tiefebene, besonders um Sélestat.

Sämtliche Vermieter von Rädern und Mountainbikes sind auf der Website www.tourisme-alsace.com ›versteckt‹: »Vacances Actives«, dann »Cyclotourisme et VTT« klicken, dann erscheint unter »Liens Rapides« »Location de vélo et VTT«.

Überall in den Vogesen gibt es ausgezeichnete Wege für Geländetouren — bitte auf den Wegen bleiben!

Die Broschüren »Mit dem Fahrrad durch das Unterelsass« und »Mountainbiking im Unterelsass« enthalten Routenvorschläge, Adressen der Fahrradverleiher, Unterkünfte und Gepäcktransport im Département Bas-Rhin. Für das Département Haut-Rhin findet man unter http://cyclos68.free.fr 24 exakte Routenvorschläge und die Fahrradclubs des Départements. Eine Überquerung des Vogesenmassivs mit dem Geländerad erläutert www.tmv-alsace-vtt.com.

Wandern

… ist die klassische Sportart im Elsass. Ein Netz von bis zu 16 000 km gut markierten Wanderwegen des 1872 gegründeten Club Vosgien, des ältesten französischen Wandervereins, erschließt das Elsass. Der Schwerpunkt liegt, wie man sich denken kann, in den Vogesen bzw. den beiden Regionalparks (www.parc-vosges-nord.fr, www.parc-ballons-vosges.fr). Die auf den Wanderzeichen angegebenen Wanderzeiten (reine Gehzeit) sind korrekt für durchschnittlich zügige Wanderer. Festes Schuhwerk und vernünftige Regenkleidung sind ratsam, vor allem in den Südvogesen kann es zu plötzlichen Nebelbildungen kommen — dann ist auch ein Kompass unerlässlich.

Das Angebot reicht vom einstündigen Spaziergang bis zu Mehrtageswanderungen. So führt z. B. der Fernwanderweg GR 5 (*sentier de grande randonnée*) von Masevaux über Ribeauvillé zum Donon.

Als Wanderkarten eignen sich die »Top 25« vom Club Vosgien im Maßstab 1:25 000 sowie die *cartes touristiques locales*, z. B. zu den Gebieten Odilienberg oder Grand Ballon. Zeit-

Sicherheit und Notfälle

Lassen Sie nie, vor allem nicht auf den Parkplätzen der vielbesuchten Sehenswürdigkeiten oder an der Route des Crêtes, wertvolle Gegenstände im Auto liegen. Im Gedränge auf dem Straßburger Kathedralplatz oder in der Colmarer Altstadt, auch in den Kirchen, operieren häufig Taschendiebe. Ansonsten ist das Elsass, vor allem auf dem Land, relativ sicher.

Kreditkartenverlust: zentrale Nummer auch bei Verlust von Handy-, Bank- und EC-Karten, 0049/116 116.

Diplomatische Vertretungen: Deutschland, Tel. 03 88 24 67 30; Österreich, Tel. 03 88 35 13 94; Schweiz, Tel. 03 88 35 00 70.

Polizei: 17

Feuerwehr: 18

Ambulanz: 15

Pannenhilfe: 0800 08 92 22 (kostenlos, deutschsprachig)

schriften- und Papierwarenläden, viele Touristengeschäfte und in kleineren Orten der Lebensmittelhändler oder die Hotels verkaufen die entsprechenden Karten für die lokalen Wandergebiete – und natürlich der Club Vosgien, www.club-vosgien.eu.

Broschüre: »Wandern durch das Unterelsass«.

Wassersport

Das Elsass ist von vielen Wasserläufen durchzogen, die man mit Ruderbooten, Kanus und Kajaks erkunden kann. Reviere und Clubs findet man beim elsässischen Wassersportverein Ligue d'Alsace de Canoë-Kayak, www.crck.org/alsace. Für die Tiefebene vermietet Alsace Canoes Kanus in Grussenheim bei Sélestat, http://alsacecanoes.free.fr.

Wellness

Ein ganz besonderes Vergnügen ist der Besuch der Jugendstilschwimmbäder und Saunen in Straßburg (s. S. 52) und Mulhouse (s. S. 105). Viele Hotels, vor allem von denjenigen mit drei Sternen aufwärts, haben Schwimmbad, Sauna, Solarium, Fitnesszentrum etc. und bieten Wellness-Angebote an, besonders viele in La Petite-Pierre (s. S. 31).

Wintersport

Mit 36 Skiorten, z. B. Le Bonhomme/Lac Blanc, La Bresse, Grand Ballon und Ventron, 170 Bergbahnen und Skiliften und über 1000 km Loipen sind die Vogesen ein attraktives, wenn auch nicht hundertprozentig schneesicheres Zentrum des weißen Sports. In den großen Zentren gibt es daher auch Kunstschnee. Schulen, Ausrüstungsverleih, Nachtski, Snowboard, Skispringen, Biathlon und Hundeschlittenpisten – alles vorhanden, alles möglich in den Vogesen. Wanderungen mit Schneeschuhen *(raquettes)* sind im Moment besonders in. Einen aktuellen Schneebericht erhält man unter www.bulletin-des-neiges.com. Broschüre: »Massif des Vosges – hiver«.

Telefonieren

Von Deutschland, Österreich und der Schweiz ins Elsass 0033, danach die stets zehnstellige Nummer des Teilnehmers, wobei allerdings die führende 0 weggelassen wird. Vorwahlnummern gibt es in Frankreich nicht. Im Département Bas-Rhin beginnt jede Nummer mit 03 88, im Département Haut-Rhin mit 03 89. Vom Elsass ins Ausland 00, Dauerton abwar-

Kanuten nutzen die Ill für sportliche Zwecke

Der Umwelt zuliebe – nachhaltig reisen

Die Umwelt schützen, die lokale Wirtschaft fördern, intensive Begegnungen ermöglichen, voneinander lernen – sozial verantwortlicher und umweltfreundlicher Tourismus übernimmt Verantwortung für Klima, Natur und Gesellschaft. Die folgenden Websites geben Tipps, wie man seine Reise nachhaltig gestalten kann.
www.fairunterwegs.org: »Fair reisen« anstatt nur verreisen – mit ausführlichen Infos zu Reiseländern in der ganzen Welt.
www.alsace.ecologie.gouv.fr und **www.strasbourg-ecologie.org** informieren über Ökologie, Umwelt und Nachhaltigkeit in der Region Elsass bzw. in Straßburg.

ten, dann 49 für Deutschland, 43 für Österreich, 41 für die Schweiz. Danach fällt die erste Null weg. Mit dem **Handy** kann man in vielen Netzen telefonieren, jedoch mit teuren Zusatzgebühren, wenn man einen französischen Netzbetreiber wählt. Informieren Sie sich vorher bei Ihrem heimischen Anbieter über die Preise. Auch Roaming kann teuer werden, denn man zahlt für die Verbindung aus Deutschland ins Ausland immer einen Teil der Gebühren, selbst wenn man nur angerufen wird. Da das Elsass nah an der deutschen Grenze liegt, empfiehlt es sich, manuell das deutsche Heimatnetz einzustellen, um so die erheblichen Auslandsgebühren zu sparen.

Verkehrsmittel

Mit öffentlichen Verkehrsmitteln

Das Elsass hat ein ausgezeichnet ausgebautes Schienennetz von 1100 km. Zwischen Straßburg, Mulhouse und Basel gibt es regionale Hochgeschwindigkeitszüge, die bis zu 200 km/h schnell sind. So erreicht man Straßburg von Mulhouse aus in nur 50 Min. Innerfranzösische Fahrkarten müssen auf den Bahnhöfen in den orangefarbenen *composteurs* entwertet werden. Elsassweite, gebührenpflichtige Auskunfts- und Re-

servierungszentrale unter Tel. 08 36 35 35 35, www.sncf.fr. Auf der Website www.vialsace.eu findet man sämtliche Bus-, Bahn- und Straßenbahnverbindungen und kann sich seine gewünschten Transportmöglichkeiten mit Tarif und Fahrplan heraussuchen.

Von einigen größeren Bahnhöfen wie Straßburg, Colmar, Mulhouse, Sélestat, Molsheim und Saverne verkehren Busse auch in entlegene Gebiete. Unter www.sncf.com/alsace finden Sie alle Verbindungen und Fahrpläne und können auch online buchen.

Mit dem Auto

Das Elsass hat ein überdurchschnittlich gut ausgebautes Straßennetz, teilweise laufen mehrere Asphaltbänder nebeneinander her. Für die lokalen Autobahnen ist im Gegensatz zum übrigen Frankreich bis auf Teilstücke vor den Grenzen nach Lothringen keine Gebühr *(péage)* zu entrichten.
Verkehrsregeln: Die Promillegrenze liegt bei 0,5. Die Höchstgeschwindigkeit beträgt außerhalb geschlossener Ortschaften 90, auf Straßen mit zwei Fahrstreifen in jeder Richtung 110, auf Autobahnen 130, in geschlossenen Ortschaften 50 km/h. Gelbe Streifen am Fahrbahnrand bedeuten Parkverbot. Knöllchen wegen überhöhter Geschwindigkeit fallen hoch aus.

Unterwegs im Elsass

Auf der Haut-Barr bei Saverne kommen zwei unabdingbare Komponenten der elsässischen Touristenwelt zusammen: Fachwerk und Burgruine. In der Burg lebten vor 800 Jahren staufische Edle, im Fachwerkhaus genießen die Besucher heute Choucroute. Den weiten Blick gab es und gibt es immer noch umsonst.

Nordelsass

Wissembourg ► G 1

Direkt hinter der Grenze zu Deutschland schmiegt sich die charmante Altstadt mit vielen Fachwerkhäusern noch heute in das Rund ihrer mittelalterlichen Befestigung, von der Türme und beachtliche Mauerpartien erhalten sind. Spaziergänge führen an den Mauern im Süden (boulevard Clemenceau) und im Norden (von der Rue du Musée auf die Promenade des Remparts) entlang. Besonders pittoresk sind die alten Viertel um die Lauter: das Quartier du Bruch mit der Maison de l'Ami Fritz aus der Renaissance (Faubourg de Bitche) und Petite Venise, das wahrhaftig ›kleine‹ Venedig, das man vom Schlupf-Brückchen gut überblickt (ausgehend von der Rue de la République).

St-Pierre-et-St-Paul

Rue du Chapître, tgl. 9–12, 14–18 Uhr; in der Nebensaison kann man nur nachmittags durchs Kirchenschiff gehen.
Eine der größten gotischen Kirchen des Elsass wurde 1262 bis 1324 erbaut. Romanisch sind der Westturm und eine kleine Kapelle neben dem unvollendeten gotischen Kreuzgang. Beachten Sie die mittelalterlichen Glasfenster und Fresken, darunter ein hl. Christophorus von beeindruckenden 11 m Höhe!

Quai Anselmann

Das Ufer der Lauter wird von alten Patrizierhäusern wie der Maison Vogelsberger (1540), dem Haus Ancienne Couronne (1491) und der Maison du Sel (1450) gesäumt. Terrassencafés haben ihre Tische auf einem von Wissembourgs pittoreskesten Straßenzügen aufgestellt.

Musée Westercamp

3, rue du Musée, zur Zeit der Recherche wegen Renovierung geschl.
Das Heimatmuseum befindet sich in einem mit reichem Schnitzwerk verzierten Fachwerkhaus aus der Renaissance.

Übernachten

Mitten in der Altstadt – **La Couronne:** 12, pl. de la République, Tel. 03 88 94 14 00, www.couronne-wissembourg.com, Restaurant tgl. 12–13, 19 bis 20.30 Uhr, Menüs ab 21,50, DZ 62 bis 66 €. In einer ehemaligen Poststation aus dem 18. Jh. gibt es neurustikal eingerichtete Zimmer und Regionalküche im holzvertäfelten Speisesaal.

Essen und Trinken

Im Rhythmus der Jahreszeiten – **Le Carrousel Bleu:** 17, rue Nationale, Tel. 03 88 54 33 10, www.le-carrousel-bleu.fr, Mo–Do 12–14, abends auf Reservierung, Fr/Sa 12–14, 19–21.30 Uhr, Menü 28, 50 €. Das Bistro serviert eine moderne Gourmetküche.

Infos

Office de Tourisme: 9, pl. de la République, Tel. 03 88 94 10 11, www.ot-wissembourg.fr, Mai–Sept. Mo–Sa 10 bis 12.30, 14–18, So 14–17.30, Okt. bis Mai Mo–Sa 10–12 17.30 Uhr.

In der Umgebung

Altenstadt ▶ G 1

In dem verschlafenen Dorf steht eine der ältesten Kirchen des Elsass, eine schlichte romanische Basilika, die zu Beginn des 11. Jh. erbaut wurde (tgl. 9–18 Uhr).

Hunspach ▶ G 1

Zusammen mit Seebach und Hoffen (▶G 2) bildet der ruhige kleine Ort das Dreigestirn der schönsten Fachwerkdörfer der elsässischen Ebene. Die U-förmigen Hofanlagen stammen aus dem 18. und 19. Jh. und sind mit den Schmalseiten der Wohngebäude wie Perlen an der Kette an der Straße aufgereiht.

La Petite-Pierre ▶ C 2

Der ruhige kleine Ferienort ist sozusagen die Hauptstadt des Parc Naturel des Vosges du Nord und Ausgangspunkt zahlreicher Wanderungen. Am Fuße des Burgbergs mit der hübschen Altstadt, in deren Wällen mittelalterliche Zisternen zu besichtigen sind, liegt der neuere Teil mit Hotels und Geschäften. Nahezu alle Hotels bieten Wellness mit Sauna, Schwimmbad und manchmal auch Fitnessraum an.

Château

Feb.–Dez. tgl. 10–12, 14–18 Uhr, www.parc-vosges-nord.fr.
Auf einem Felskegel gelegen, umschließt die häufig umgestaltete Burg, Sitz des Naturparks Nordvogesen (**direkt 1** ▶ S. 32), noch Teile des romanischen Gebäudes. Die anschauliche Ausstellung zu Natur, Kultur, Flora und Fauna des Parks ist auch für Kinder interessant. Die Kirche vor dem Eingang zur Burg besitzt sehenswerte Fresken und Grabsteine der Burgherren aus dem 15. Jh.

Übernachten

Wellness für Gourmets – **Au Lion d'Or:** 15, rue Principale, Tel. 03 88 01 47 57, www.liondor.com, Restaurant tgl. 12–14, 19–21 Uhr, DZ ab 80 €. Die kürzlich mit zeitgenössischem Interieur renovierten Zimmer sind unterschiedlich, sehen Sie sie sich einfach am besten vorher an. In der Winstub und dem Restaurant wird eine zeitgenössisch aufgefrischte Regionalküche angeboten. Dazu kann man sich dann noch in Sauna, Whirlpool, Innenschwimmbad und mit einem Wellness-Angebot verwöhnen lassen: Die Arbrotherapie nutzt die Ressourcen des Waldes wie Tonerde und Nadelbaumextrakte.

Ausgehen

Das Moulin Rouge neben der Kuhweide – **Music Hall Adam Meyer:** 20, rue Hochfelden, Kirrwiller (D 3), Tel. 03 88 70 71 81, www.royal-palace. com, vorher reservieren. Ein kultig-kurioses Spektakel mit spärlich bekleideten, beinewerfenden Tänzerinnen und Abendessen.

Infos

Office de Tourisme: 2 a, rue du Château, Tel. 03 88 70 42 30, www.ot-pays delapetitepierre.com, April–Juni, Sept./ Okt. Mo–Sa 10–12, 14–17, Juli/Aug. tgl. 10–12.30, 13.30–18.30, Nov. bis März Mi–Sa 10–12, 14–16 Uhr.

In der Umgebung

Graufthal ▶ C 2/3

Ostern–Sept. So, Juli/Aug. tgl. 14–18 Uhr, Eintritt 2,50 €, sonst nur von außen. Dass in den heute leuchtend pflaumenblau herausgeputzten Felswohnungen mit fließend Wasser an den Wänden noch bis 1958 jemand lebte, ist fast unvorstellbar.   ▷ S. 35

Karte: ▶ E/F 1 | Tageswanderung von ca. 20 km Länge

Einen besseren Ausgangsort für Wandertouren als das stille Obersteinbach, das sich in ein idyllisches Bachtal schmiegt, finden Sie nicht! Von dort führt ein Wanderweg durch den dichten Vogesenwald über die Burgruinen Wasigenstein und Frœnsburg zur Fleckenstein, einer der imposantesten Burganlagen des Elsass.

Das reizende Örtchen **Obersteinbach** ▮1 (und das benachbarte Niedersteinbach) bieten in touristischer Hinsicht alles, was das Herz begehrt. An der langen Hauptstraße reihen sich plätschernde, im Winter dick vereiste Brunnen aus dem landschaftsprägenden rötlichen Sandstein, alte Fachwerkhäuser

und -höfe. Obersteinbach ist ein typisches, noch weitgehend traditionelles Dorf im Regionalpark Nordvogesen, der von der UNESCO als Biosphärenreservat ausgezeichnet wurde. Zwischen zwei bewaldeten Berghängen schlängelt sich der Steinbach, Wiesensumpf, Weiden und Äcker steigen zur beidseitig von Häusern gesäumten Straße an, am Südhang wachsen Obstbäume.

Einen Blick ins Alltagsleben, in Geschichte und Bauweise der Burgen erlaubt die liebevoll eingerichtete **Maison des Châteaux Forts**, die auch einen nach mittelalterlichen Vorbildern angelegten Kräutergarten besitzt.

Wandern in Eis und Schnee

Ein Besuch der Burg Fleckenstein ist bequem mit dem Auto möglich und auch zur Burg Wasigenstein führt vom Parkplatz aus nur ein kurzer Spaziergang. Wer aber statt mit dem Auto lieber auf den ausgezeichnet markierten Wanderwegen des Club Vosgien durch den dichten Buchen- und Kiefernwald wandert, erobert sich seine Burgen auf eine viel eindrücklichere Art und Weise. Im Wald leben Wildschweine, Füchse, Marder, Dachse, Spechte, Auerhähne, in den Ruinen oft Fledermäuse und Wanderfalken. Besonders erlebnisintensiv ist ein Wanderurlaub im Winter, wenn man tagelang durch Schnee und Eis stapft, ohne einer Menschenseele zu begegnen.

In den Fels gehauen
Für die Tageswanderung von 20 km braucht man etwa 6 Stunden reine Gehzeit. Sie führt zu den Burgen nördlich der Straße D 3. Ausgangspunkt der Wanderung ist das Sträßchen links neben der Mairie/Ecole in Obersteinbach (rote Raute, 10 Min.). Den schönsten Blick auf das Tal hat man von der kleinen Ruine der **Petit Arnsbourg** **2**, deren Wehrturmreste man schon von

Obersteinbach aus auf einem hohen Sandsteinfelsen aufragen sieht. Eine Gruppe von etwa einem Dutzend Wachtruppen kam hier einst ihrer Pflicht nach.

Eins der besterhaltenen *châteaux forts* erreicht man mit der **Ruine Wasigenstein** **3** (rote Raute/rotes Rechteck, 20 Min.), im 13. Jh. als Sitz einer Adelsfamilie errichtet, die zum Heiligen Römischen Reich Deutscher Nation gehörte. Eigentlich handelt es sich um zwei, durch einen tief in den Fels gehauenen Graben getrennte Burgen. An den abweisenden Mauern sieht man schon, dass die beiden Familienzweige der Wasigensteins sich nicht immer grün waren. Aus dem Fels herausgeschlagene, leicht zu verteidigende Treppen, die hoch aufragenden Mauern des Donjon (Bergfried), tiefe Brunnen und ein in den Fels gegrabenes Untergeschoss sind typisch für die stauferzeitlichen Wehrbauten der Nordvogesen.

Weiter auf dem Weg mit dem roten Rechteck erreicht man nach 30 Minuten den malerisch verwitterten Sandsteinfelsen **Zigeunerfelsen** **4**, einen

Trutzig noch als Ruine – Burg Fleckenstein

ehemaligen kleinen Wachtposten; nach weiteren 90 Minuten die Ruine der mittelalterlichen **Frœnsbourg** 5, romantische Mauerreste auf einem hoch über dem Tal aufsteigenden Felsen.

Staufisches Bollwerk

Nach etwa 50 Minuten steht man vor der Burg **Fleckenstein** 6, deren trutziger Treppenturm und mächtige Wälle auf einem 100 m langen Felssporn thronen. Sie ist eine der imposantesten Burganlagen des Elsass, um 1150 von einer Ministerialenfamilie errichtet, die den strategisch wichtigen Posten für die Staufer hielt. Wie fast alle anderen elsässischen Burgen wurde sie im Spätmittelalter erweitert und in den Kriegen des 17. Jh. geschleift. Der Rückweg geht wieder hinunter zur Straße, am

Übrigens: Von Obersteinbach aus sind weitere staufische Burgen auf schönen Wanderwegen zu erreichen, sodass man hier gut eine ganze Woche verbringen kann: **Vieux** und **Nouveau Windstein** 7, **Wineck** 8 und **Schoeneck** 9, und von der Burg Fleckenstein aus Hohenbourg und Loewenstein.
Wanderkarte: Top 25 des Institut Géographique National (IGN) im Maßstab 1:25 000, »3814: Haguenau. Wissembourg«.

nördlichen Ufer des Sees und dann den Steinbach und die Straße D 3 entlang in etwa 150 Minuten über Nieder- nach Obersteinbach.

Öffnungszeiten

Maison des Châteaux-Forts: 42, rue Principale, Obersteinbach, www.parc-vosges-nord.com (Website für den Regionalpark Nordvogesen), April–Nov. So 10–12, 14–18 Uhr, Eintritt 2 €.
Burg Fleckenstein: Juli/Aug. tgl. 10–18, Sept./Okt., 19. März–Juni bis 17.30, 1.–6. Nov. bis 17, 26.–31. Dez. 12–16, 2. Jan.–18. März So 12–16 Uhr, Eintritt 2,50 €.
Le P'tit Fleck 10: Maison Forestière du Fleckenstein, ehemaliges Försterhaus neben der Burg Fleckenstein, 2. Jan.–18. März So 12–16, 19. März–6. Nov. tgl. 10–18 Uhr, Eintritt 4,50 €. Spielplatz für Kinder von 5 bis 12 Jahren.
Les Défis de Fleckenstein: Öffnungszeiten wie Burg, Eintritt 9,50 €. Rätselparcours rund um und durch die Burg.

Übernachten und Schlemmen
Alsace-Village 1: 49, rue Principale, Obersteinbach, Tel. 03 88 09 50 59, www.alsace-village.com, Restaurant

Mi/Do geschl., DZ 47–62, Apartment pro Woche 300–410, Menüs 20–28 €. Es gibt komfortable Zimmer mit Bauernschränken in einem alten Gasthof und nach ökologischen Gesichtspunkten gebaute Ferienhäuschen im Grünen. Ein nach mittelalterlichen Ideen angelegter Garten, eine reiche Bibliothek zum Elsass, ein üppiges Bauernfrühstück für 12 € mit selbstgemachten Marmeladen und eine deftige Regionalküche sorgen für eine Rundum-Zufriedenheit.
Anthon 1: 40, rue Principale, Niedersteinbach (15 Min. Spaziergang von Obersteinbach), Tel. 03 88 09 55 01, www.restaurant-anthon.fr, Restaurant Di/Mi, Hotel Jan. geschl., DZ 65–98, HG ca. 25 €. Die Zimmer in dem ochsenblutroten Traditionslandgasthof mit freundlichem Service sind klein, aber anheimelnd, die teureren in ansprechendem modernen Design. Über dem Garten ragt die Petit Arnsbourg auf.

Chateau des Rohan

Lichtenberg ► D 2

www.chateaudelichtenberg.com, Mitte Feb.–März, Nov. tgl. 13–16, Juni bis Aug. Mo 13.30–18, Di–So 10–12, 13.30–18, April/Mai, Sept./Okt. Mo 13.30–18, Di–Fr 10–12, 13.30 bis 18, Sa/So 10–18 Uhr, Eintritt 3,50 €.

Das beeindruckende Ensemble ist eine der größten Befestigungsanlagen des Elsass, mit einem mittelalterlichen Donjon, geheimnisvollen Kopfkonsolen in einem Innenraum und einer Kapelle. Im 17. Jh. wurde Lichtenberg zu einer mächtigen Artilleriefestung ausgebaut, Ende des 20. Jh. erhielt sie einen futuristischen Saalbau für Theateraufführungen (www.theatre-lichtenberg.com).

Saverne ► C/D 3

Die wegen ihrer Lage am Beginn des malerischen Zorn-Tals, »Tor zum Elsass« genannte Kleinstadt lockt mit einer Fußgängerzone um die von alten Fachwerkhäusern gesäumte Grand'Rue, erholsamen Flecken an den Schleusen und Ufern des Canal de la Marne au Rhin und der burgenreichen Waldumgebung.

Château des Rohan

Pl. Général-de-Gaulle, Jan.–14. Juni, 16. Sept.–23. Dez. Mi–Sa, Mo 14–18, So 10–12, 14–18, 15. Juni–Sept. Mi–Mo 10–12, 14–18, Eintritt 4 €.

Das prachtvolle Schloss der Fürstbischöfe von Rohan mit seiner gigantischen klassizistischen Säulenfassade an der Rückseite, am Vorabend der Französischen Revolution gebaut, beherbergt drei Museumsabteilungen: im kühlen Untergeschoss gallorömische Grabdenkmäler und Stelen, im zweiten Stock Kunstgewerbe, Gemälde, Burgenarchäologie sowie die Schenkung von Louise Weiss, der Journalistin, Frauenrechtlerin, Pazifistin und Alterspräsidentin des Europaparlaments (1893–1983).

Eglise Notre-Dame

Pl. de l'Eglise, tgl. 9–18 Uhr.

Oberhalb des Schlosses erhebt sich die gotische Kirche mit ihrem romanischen Turm und interessanter Ausstattung aus

Spätmittelalter und Renaissance. Das burgartige Gebäude hinter dem Chor ist der Oberhof, heute die Sous-Préfecture, der einst Wohnsitz der Bischöfe war.

Übernachten

Rustikaler Schick – **Le Clos de la Garenne:** 88, rue du Haut-Barr, Tel. 03 88 71 20 41, www.resto.fr/leclosdelagarenne/, Restaurant So/Mo, Do/Fr 12 bis 14, 19–21.30, Di 12–14, Sa 19–22 Uhr, Hauptgericht ca. 26 €, DZ 60 bis 95 €. Die zeitgenössische Inneneinrichtung ist savoyardisch warm mit viel Holz, das Gourmetrestaurant befriedigt höchste Ansprüche.

Essen und Trinken

Archetypische Winstub – **Taverne Katz:** 80, Grand'Rue, Tel. 03 88 71 16 56, www.tavernekatz.com, tgl. 12–14, 18.30 bis 22 Uhr, Hauptgericht ca. 16 €. Villa Katz, 42, rue du Général de Gaulle, DZ 69–100 €. Das mit viel Schnitzerei und einem steinernen Untergeschoss versehene Fachwerkhaus von 1605 ist eines der schönsten des Elsass. Drinnen findet man Holzvertäfelung, alte Stiche, überbordenden Dekor und eine winstubtypische Küche um Choucroute und Baeckeoffe. In der Gründerzeitvilla Villa Katz vermietet die Besitzerin charmante Zimmer im Stil der Epoche.

Sport und Aktivitäten

Bootsführerschein nicht erforderlich – **Freizeitboote:** Schippern Sie auf dem Canal de la Marne au Rhin mit dem eigenen Boot: Nicols Location de Vedette Fluviale, 11, rue de l'Orangerie, Tel. 03 88 91 34 80, www.hausboot-nicols.de.
Wandern: Eine Broschüre des Office de Tourisme führt 50 Rundwege für Wanderer und Radfahrer auf.
Radverleih – **Cycles Ohl:** 10, rue St-Nicolas, Tel. 03 88 91 17 13.

Infos

Office de Tourisme: 37, Grand'Rue, Tel. 03 88 91 80 47, www.ot-saverne.fr, Mo–Sa 9.30–12, 14–18, Mai–Sept. auch So 10–12, 14–17 Uhr.

In der Umgebung

Château du Haut-Barr ► C 3

Eine der mächtigsten Burgen der Region, 1168 erbaut, weist einen siebeneckigen Donjon und die einzig vollständig erhaltene Burgkapelle auf. Ein rotes Kreuz markiert den Weg zum **Château Grand Geroldseck**, dessen Donjon man schon von Haut-Barr im Wald aufragen sieht.

Neuwiller-lès-Saverne ► D 2/3

Der angenehm ländliche Ort besitzt zwei bedeutende Kirchen. 1220 bis 25 wurde St-Adelphe im romanisch-gotischen Übergangsstil erbaut. Die einzigartige Abtei- und Pilgerkirche St-Pierre-et-St-Paul besitzt eine karolingische Krypta aus dem 8. Jh. und zwei übereinander liegende Chorkapellen. In der oberen hängen kostbare Teppiche aus dem 16. Jh. mit Szenen aus dem Leben des hl. Adelphus (tgl. 7–19 Uhr).

Marmoutier ► D 4

Das prachtvolle romanische Westwerk mit üppigem Reliefschmuck und die bis in merowingische Zeiten zurückgehende, zu einem kleinen Museum ausgebaute Krypta sind die Glanzpunkte dieser Abteikirche, eins der bekanntesten und kunsthistorisch bedeutendsten Gotteshäuser des Elsass (8, pl. du Général de Gaulle, tgl. 9–11.30, 14 bis 17.30 Uhr).

Haguenau ► F 2/3

Die geschäftige Verwaltungs- und Handelsmetropole des Nordelsass mit

35 000 Einwohnern, in der einst die Kaiserpfalz der Staufer stand, besitzt mit Tour des Chevaliers, Tour des Pêcheurs und Porte de Wissembourg noch mächtige Teile der mittelalterlichen Stadtmauer. Die Fußgängerzone ist recht hübsch.

Eglise St-Georges

11, rue St-Georges, tgl. 8–12, 14–19 Uhr. Die Kirche hat ein romanisches Schiff, einen gotischen Chor und eines der schönsten spätmittelalterlichen Sakramentshäuschen des Elsass.

Musée Historique

9, rue Maréchal Foch, Sept.–Juni Mo/Mi bis Fr 10–12, 14–18, Sa/So 15–17.30, Juli/Aug. Mi–Fr 10–12, 14–18, Mo/Di, Sa/So 14–18 Uhr, Eintritt 3 €. Eines der bedeutendsten Museen des Elsass ist in einem fantasievollen historistischen Museumspalast untergebracht. Zu sehen sind romanische Skulpturen sowie Ausgrabungen der bronzezeitlichen Hügelgräber im Haguenauer Wald.

Übernachten

Im Töpferdorf – **Chambres d'hôtes M. et Mme. Christian Krumeich:** 23, rue des Potiers, Betschdorf, Tel. 03 88 54 40 56, www.gites-de-france-alsace.com, DZ mit Frühstück 52–56 €. Die Töpferfamilie hat die drei ruhigen, rustikalen Privatzimmer mit Dusche/WC mit ihren Arbeiten dekoriert und gibt gerne eine Einführung in ihr Handwerk.

Essen und Trinken

Gutes Preis-Leistungs-Verhältnis – **Le Jardin:** 16, rue Redoute, Tel. 03 88 93 29 39, www.lejardinhaguenau.fr, Mo 12 bis 14, Do–So 19–22 Uhr, Entdeckermenü 49,50 €. Eins der besten Restaurants im Nordelsass serviert in einem zeitgenössisch in Braun-Beige-Tönen eingerichteten Saal überraschende Kombinationen aus Tradition und Innovation.

Einkaufen

In den beiden Töpferdörfern **Betschdorf** und **Soufflenheim** (▶G 2) bieten zahllose Handwerker ihre Erzeugnisse an, in Betschdorf meist graue, blau bemalte und in Soufflenheim bunte Ware mit Pünktchen oder Blumenmuster.

Sport und Aktivitäten

Das größte Indoor-Aqualand des Elsass – **Nautiland:** 8, rue des Dominicains, www.nautiland.net, Mo/Di, Do/Fr 12–21, Mi 9.30–21, Sa 10–22, So 9 bis 19 Uhr, Tageseintritt 31 €. Modernes Badevergnügen mit Schwimmbecken, Sauna, Dampfbad, Kinderbecken, Wassergymnastik; baulicher Hingucker ist der runde, erhöhte Whirlpool rund um eine Palme.

Infos

Office de Tourisme: pl. de la Gare, Tel. 03 88 93 70 00, www.tourisme-haguenau.eu, Mo–Fr 9–12, 14–17, in der Saison bis 18 und auch Sa/So 14–17 Uhr.

In der Umgebung

Forêt de Haguenau ▶ F/G 2

Nördlich der Stadt erstreckt sich über 19 000 ha der größte Ebenenwald der Region, ein von Wander- und Fahrradwegen durchzogenes Naherholungsgebiet. Picknickareal und Ausflugslokal befinden sich an der ausgeschilderten »Gros Chêne«, dem ausbetonierten Stumpf einer vom Blitz getroffenen 500-jährigen Eiche. Am Waldrand liegen inmitten stiller, charmanter Orte die Kirche von **Walbourg** (▶ F 2) mit spätmittelalterlichen Fresken, Glasfenstern und einem opulenten Sakramentshäuschen, die romanische Kirche von **Surbourg** (▶ F 2) und **Sessenheim** (▶ G 3), wo einst Goethe Friederike Brion anhimmelte – und verließ.

Straßburg

Seit die Römer hier an einem strategisch wichtigen Rheinübergang eines ihrer Militärlager bauten, ist Argentoratum alias **Straßburg** (▶ E/F 4/5) alias Strasbourg die unangefochtene Hauptstadt des Elsass (273 000 Einwohner). Selbst japanische Touristen mit ihrem notorisch knappen Zeitbudget mögen nicht auf Highlights wie Münster und Petite France verzichten. Auf nahezu kleinstädtischem, gemütlich überschaubarem Plan werden Weltkunst und Weltküche geboten. Die vielen Studenten und die Europaparlamentarier sorgen für eine muntere Partyszene (s. S. 53), und auch auf dem Shopping-Sektor bietet Straßburg die größte Auswahl im Elsass.

Innenstadt

Die annähernd eiförmige, von der Ill und dem Fossé du Faux Rempart umflossene Innenstadt ist von ihren Ausmaßen her bequem zu Fuß zu durchstreifen und zu großen Teilen Fußgängerzone. Die von der UNESCO zum Weltkulturerbe erklärte Altstadt mit dem Auto zu erkunden, ist deshalb nicht empfehlenswert. Um die Place de la Cathédrale (**direkt 2|** ▶ S. 39) und Rue Mercière, Place du Marché aux Cochons de Lait und Place du Marché aux Poissons tobt das touristische Leben, denn hier gibt es viele der typischen hohen, historischen Fachwerkhäuser mit ihren steilen roten Ziegeldächern, Winstubs und Andenkenläden.

Tipp: Ein Tag Eintritt in alle Museen und Ausstellungen kostet 8 €. Website für die Straßburger Museen: www.musees-strasbourg.org.

Musées du Palais Rohan 5

2, pl. du Château, www.musees-strasbourg.org, Mo, Mi–Fr 12–18, Sa/So 10–18 Uhr, Eintritt 5 für ein Museum bzw. 8 € für alle drei.
Drei Museen sind in das prachtvolle barocke Stadtpalais integriert, das sich die Fürstbischöfe von Rohan 1727–1742 bauen ließen. Das **Musée de l'Archéologie** umfasst die elsässische Geschichte von 600 000 v. Chr. bis 700 n. Chr. Das **Musée des Arts Décoratifs** beherbergt die mit allem Pomp ausgestatteten Staatsgemächer der Rohan-Bischöfe sowie Kunstgewerbe von Möbeln bis zu Tafelsilber. Im **Musée des Beaux-Arts** hängen Meisterwerke der europäischen Maler vom 14. bis 19. Jh.

Musée Historique 6

2, rue du Vieux Maché aux Poissons, www.musees-strasbourg.org, Di–Fr 12–18, Sa/So 10–18 Uhr, Eintritt 5 €.
Im hufeisenförmigen Renaissancegebäude des Schlachthauses von 1588, der ›Metzig‹, illustriert das Museum auf moderne Weise die Stadtgeschichte.

Musée Alsacien 7

23, quai St-Nicolas, www.musees-strasbourg.org, Mo, Mi–Fr 12–18, Sa/So 10–18 Uhr, Eintritt 5 €. ▷ S. 43

Karte: s. S. 44/45 | **Tram:** Langstross/Grand´Rue

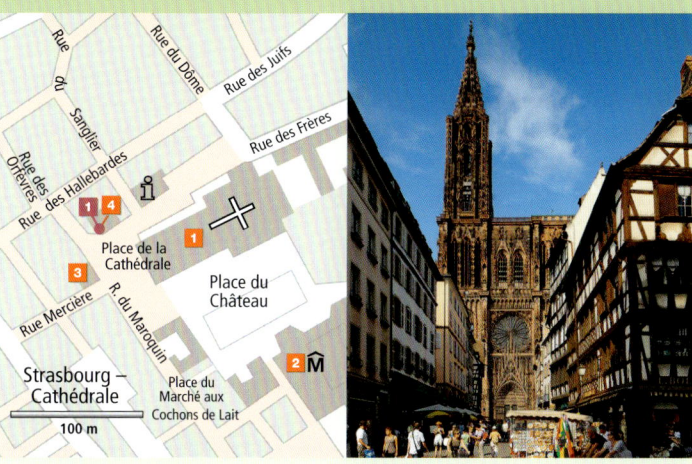

Wer kennt es nicht, das
Straßburger Münster? Reich
an kunsthistorischen Schätzen,
gehört es zum Welterbe der
UNESCO. Der Kathedralplatz zu
seinen Füßen ist nicht nur Treff
für Touristen, sondern wartet
auch mit weiteren Sehenwürdig-
keiten wie der Maison Kammerzell auf.

Wie an fast allen Kirchen des Mittelal
ters wurde auch an der **Cathédrale
Notre-Dame** 1 lange Zeit gearbeitet
und jede Generation tat dies im gerade
vorherrschenden Stil. Die Bauzeit des
Münsters reicht vom nördlichen Querschiff, das 1176 noch in spätromani-
schen Formen begonnen wurde, über
das hochgotische Schiff des 13. Jh. bis
zum spätgotischen Turm, den der Kölner

Baumeister Johannes Hultz der Fassade
1439 aufsetzte.

Mittelalterlicher Comicstrip

Eine Harfe aus Stein hat Karl Friedrich
Schinkel die Westfassade mit ihren drei
Figurenportalen, der 16-teiligen Fens-
terrose und den filigranen Maßwerk-
partien darüber genannt. Für die 1277
begonnenen unteren Partien zeichnete
der berühmte Baumeister Erwin von
Steinbach verantwortlich. Wie eine Da-
mengesellschaft mit einem Herrn wirken die klugen und törichten Jungfrau-
en am südlichen Nebenportal. Der Ver-
sucher vorne links, von Angesicht ein
schöner Adliger aus dem 13. Jh., zeigt
auf seiner mit Kröten und Schlangen
besetzten Kehrseite, wer er in Wahrheit
ist. Für die großteils leseunkundigen
Gläubigen führten die Skulpturenpro-

gramme der Kirchen wie mittelalterliche Comicstrips die Geschehnisse der Bibel plastisch vor Augen.

Kirchlicher Antisemitismus

Die Statuen der Ecclesia, Verkörperung der siegreichen Kirche, und der Synagoge, Verkörperung der aus christlicher Sicht unterlegenen jüdischen Religion, flankieren das um 1220/30 entstandene Südportal. Die beiden schönen Mädchen gehören zu den berühmtesten mittelalterlichen Statuen Europas. Heutige Betrachter spricht jedoch die Verliererin dieses Glaubenswettstreits durchweg mehr an. Ob der unbekannte Bildhauer diese Wirkung wohl beabsichtigt hat?

Gotik in Vollendung

›Himmelhoch strebend‹: Dieses bekannte Wort über die Gotik fällt so manchem ein, der das über 30 m hohe, lichte Langhaus betritt. Es wurde im Stil der großen französischen Kathedralen nach nur 30 Jahren Bauzeit 1275 vollendet. Bündel zarter Säulen ummanteln die Pfeiler und helfen, das Gewicht der Gebäudemassen zu tragen. Kostbare Einrichtungsstücke sind die gigantische Orgel von 1385, die um 1500 von Hans Hammer für den berühmten Humanisten Geiler von Kaysersberg gemeißelte Kanzel und die mittelalterlichen Glasfenster.

Zwei Meisterwerke

Blickfang Nummer eins im südlichen Querschiff ist der von schlanken Statuen ummantelte zentrale Pfeiler, Engelspfeiler genannt. Über den vier Evangelisten blasen vier Engel die Trompeten des Jüngsten Gerichts, darüber thront Christus als Weltenrichter, umgeben von drei weiteren Engeln. So anmutig und formvollendet kündigte sich um 1225 der neue, in der Ile de France entstandene Stil der Frühgotik an. Blickfang Nummer zwei ist die astronomische Uhr. Dieses Wunderwerk der Technik des 16. Jh. zeigt u. a. die Mondphasen, das kopernikanische Planetarium mit den Tierkreiszeichen, die Wochentage und den Jahreskalender. Seine zahlreichen Figuren sind sich bewegende Automaten. So zieht jede Viertelstunde eins der personifizierten vier Lebensalter vor dem Sensenmann vorbei, der die vollen Stunden schlägt. Für den be-

Monster-Wasserspeier bevölkern die Münsterfassade

Die Maison Kammerzell ist ein Hingucker neben dem Münster

rühmten Apostelumgang wird die Kathedrale mittags geschlossen, gegen Eintritt kann man dann sehen, wie die zwölf Apostel vor dem segnenden Christus vorbeiziehen.

Über den Dächern von Straßburg

Nun geht es 329 Stufen hinauf durch eine labyrinthische Dachlandschaft aus Dächern, Strebebogen und Statuen. Zu der windumtosten Plattform dringt der Lärm der Domplatte nur gedämpft hinauf. Über das Dachpfannenmeer der Stadt erblickt man in der Achse des achteckigen Vierungsturms das Europaparlament, im Westen die Vogesen. 142 m hoch erhebt sich der Turm, bis zur Vollendung des Kölner Doms im 19. Jh. der höchste der Christenheit.

Zu den Originalen

Das **Musée de l′Œuvre Notre-Dame** 2, hervorgegangen aus der Dombauhütte, ist ein Bonbon für jeden Kunstliebhaber, zeigt es doch nicht nur die Originalskulpturen des Doms, son-

dern auch eine exquisite, chronologisch geordnete Sammlung oberrheinischer Kunst vom 11. bis 17. Jh.

Neben dem kostbaren Glasbild des »Christus von Weißenburg« bildet die Rekonstruktion des Kreuzgangs von Eschau den Höhepunkt der romanischen Abteilung. Im großen Saal der gotischen Originalskulpturen des Münsters kann man u. a. die zwölf tapsigen Löwen vom Wimperg des Hauptportals oder Ecclesia und Synagoge vom Südportal *en detail* studieren. Den Schwerpunkt des Museums bildet die sogenannte Rheinische Schule des Spätmittelalters. Highlights sind hier die Werke des Basler Malers Konrad Witz (ca. 1400–46), die Glasbilder des Straßburgers Peter Hemmel von Andlau (tätig 1447–1505) sowie die ausdrucksstarken, physiognomisch detailgetreuen gefertigt Büsten des niederländischen Bildhauers Nikolaus Gerhaert von Leyden, der 1463 bis 1467 im damaligen Kunstzentrum Straßburg arbeitete. Rätselhaft-schlicht und meisterhaft ausgeführt – die Stillleben des

Straßburger Malers Sebastian Stoskopff (1597–1657) ziehen den Betrachter unwillkürlich in ihren Bann.

Im warmen Abendlicht

Abends, wenn die Fassade der Kathedrale im goldgelben Licht erstrahlt, hat der Platz eine feierliche, nahezu unwirkliche Atmosphäre. Tagsüber ist er ein geschäftiger Treffpunkt von Schülerklassen und Reisegruppen, während man die Einheimischen meist daran erkennt, dass sie ihn zielstrebig überqueren. Herden von Plüschstörchen, dem Wappentier des Elsass, und massenhaft Hansi-Postkarten, vom ›Nationalmaler‹ des Elsass, dekorieren die Andenkenläden.

Reizende Details

Um die Bogenfenster der **Pharmacie du Cerf** **3** ranken sich spätmittelalterliche Skulpturen. Die Drachenmama, die ihr Junges zart im Maul hält, belegt die Vorliebe dieser Zeit für das Skurrile und Fantastische. 2000 geschlossen, war die seit 1260 hier ansässige Apotheke eine der ältesten Europas. Heute werden unter den gotischen Gewölben und Fresken des elsässischen Historienmalers Leo Schnug (1878–1933) Karten für beinahe alle Straßburger Kulturveranstaltungen verkauft.

Straßburgs schönstes Fachwerkhaus?

Es kann nur eins geben und das ist die **Maison Kammerzell** **4**. Auf einem steinernen Untergeschoss von 1467 ruhen mehrere Fachwerkobergeschosse aus der Renaissance von 1589. Der überbordende Schnitzschmuck zeigt an der Fassade zum Münster unter den Fenstern die Tierkreiszeichen, zwischen den Fenstern im ersten Stock die fünf Sinne und darüber die Menschenalter. Die Westseite schmücken unter den Fenstern 15 Musikanten, zwischen den Fenstern die neun Helden und Heldinnen und am Eckpfosten die drei göttlichen Tugenden Glaube, Liebe, Hoffnung.

Selbst beim Essen gibt es im Maison Kammerzell noch was zu sehen. Fresken Leo Schnugs schmücken die Wände, im gotisch überwölbten Erdgeschoss das Narrenschiff frei nach Sebastian Brant, dazu so aufmunternde Themen wie Henkersmahlzeit und Tantalus in den Fängen des Alkoholismus. In den oberen Stockwerken geht es mit dörflichen Szenen eher burlesk als schwermütig zu.

Infos

Pl. de la Cathédrale, www.cathedrale-strasbourg.fr.
Öffnungszeiten Münster: tgl. 7 bis 11.30, 12.40–19 Uhr, So Morgen wegen Messe keine Besichtigung.
Astronomische Uhr: tgl. 11.40 Einlass am Südportal, Mo–Sa 12 thematischer Film, 12.30 Uhr Durchgang der Apostel, Eintritt 2 €, So kostenlos.
Plattformbesteigung: tgl. April bis Sept. tgl. 9–19.15, Juli/Aug. Fr/Sa bis 21.45, Okt.–März 10–17.15 Uhr, Eintritt 4,60 €.

Musée de l'Œuvre Notre-Dame: 3, pl. du Château, Di–Fr 12–18, Sa/So 10–18 Uhr, Eintritt 5 €.

Speisen in der Maison Kammerzell **1**

Wichtigste Speise der regionalen Küche mit kulinarischen Ambitionen ist Sauerkraut mit Fisch. Im Sommer sitzt man schön mit Kathedralblick im Freien (16, pl. de la Cathédrale, Tel. 03 88 32 42 14, www.maison-kammerzell.com, tgl. 11.30–14.30, 18.30–23 Uhr, Hauptgericht ca. 22 €).

Die größte Sammlung elsässischer Volkskunst zeigt Hausrat, Trachten, Devotionalien, Spielzeug u. v. m. in drei Häusern aus dem 17./18. Jh., die zwei reizende Innenhöfe mit umlaufenden Holzgalerien und Schnitzbalken aufweisen.

Ill-Ufer 8

Quai des Bateliers/quai des Pêcheurs.
Den besten Blick auf die Fachwerkschönheiten aus dem 16. bis 19. Jh. hat man von der Innenstadt aus, an deren Ufer ein Spazierweg verläuft. Der Cour du Corbeau, ehemals Rabenhof, heute Luxushotel, ist ein besonders schönes Exempel eines Renaissanceinnenhofs. Drei ausgediente Fluss-Schiffe, heute Café-Bars, liegen kurz vor dem Pont Royal vor Anker. Im Rücken der Kais erstreckt sich das stille Krutenau-Viertel mit Restaurants, studentischen Bars und Clubs.

Aubette 9

Pl. Kléber, Mi, Sa 14–17 Uhr, www.aubette.fr.
Die Statue des in Straßburg geborenen napoleonischen Generals Kléber wacht über der Place Kléber, dem Zentrum der Stadt. Der Pariser Architekt Jacques François Blondel errichtete das langgestreckte neoklassizistische Gebäude 1768 bis 1770 für die Garnison. Im Innern schufen Jean Arp, seine Frau Sophie Taeuber-Arp und ihr Freund Theo van Doesburg in den Jahren 1926 bis 29 ein nach abstrakten Kunstprinzipien gestaltetes Amüsierzentrum.

Place Broglie 10

Am Kopf der langgestreckten, platanengesäumten Place Broglie, 1740 als militärischer Paradeplatz angelegt, thront die Oper vom Beginn des 19. Jh. mit ihrer imposanten neoklassizistischen Säulenfassade, hinter der sich das Opera Café versteckt. Zum 2000-Jahr-Fest Straßburgs errichtete Tomi Ungerer den Janusbrunnen neben der Oper, dessen doppeltes Gesicht die zweifachen Wurzeln der Elsässer symbolisieren soll.

St-Pierre-le-Jeune Protestant 11

Pl. St-Pierre-le-Jeune, So vor Ostern bis 1. Nov. Mo 13–18, Di–Sa 10.30–18, So 14.30–18 Uhr, sonst anmelden unter Tel. 03 88 32 41 61.
Dieses Kleinod der Gotik besitzt einen farbig ausgemalten dreischiffigen Innenraum, einen Lettner aus dem 14. Jh., ein prachtvolles Rokoko-Chorgestühl, einen 1160 erbauten stillen Kreuzgang sowie ein Hypogeum, einen archaischen Grabraum aus dem 8. Jh.

Petite France

(direkt 3 | S. 46)

St-Thomas 12

Rue Martin-Luther, April–Okt. tgl. 10 bis 18, Nov./Dez., März tgl. 10–17, Jan. geschl., Feb. tgl. 14–17 Uhr.
Wie ein Tor zur Petite France ragt das aus rötlichem Vogesensandstein gemauerte romanische Westwerk von St-Thomas auf, eine der bedeutendsten Kirchen Straßburgs. Die übrigen Partien der gotischen Hallenkirche, entstanden 1270 bis 1330, sind mit dem pathetischen Barockdenkmal des Marschalls Moritz von Sachsen und dem um 1130 entstandenen Adeloch-Sarkophag ein wahres Museum der Grabkunst.

Musée d'Art Moderne et Contemporain 13

1, pl. Hans Jean Arp, www.musees-strasbourg.org, Di/Mi, Fr 12–19, Do 12–21, Sa/So 10–18 Uhr, Eintritt 6 €.
In einem faszinierenden, schwerelosen Bau des zeitgenössischen ▷ S. 49

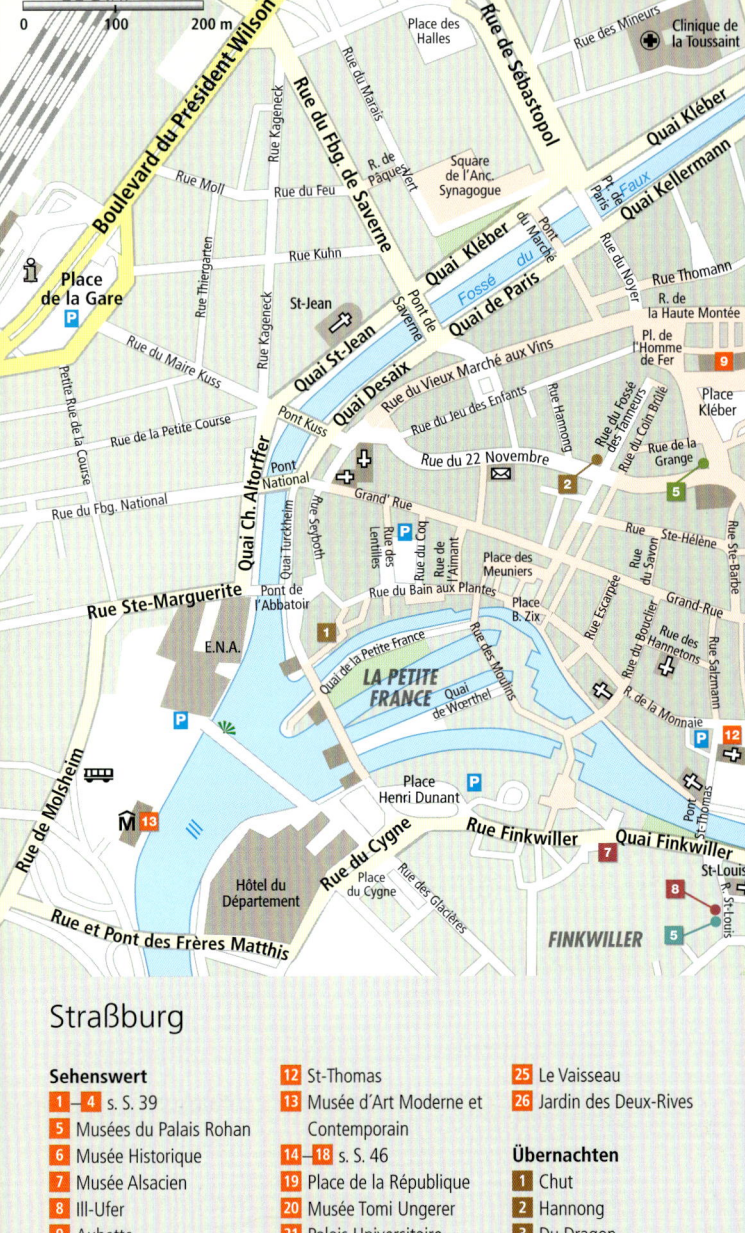

Straßburg

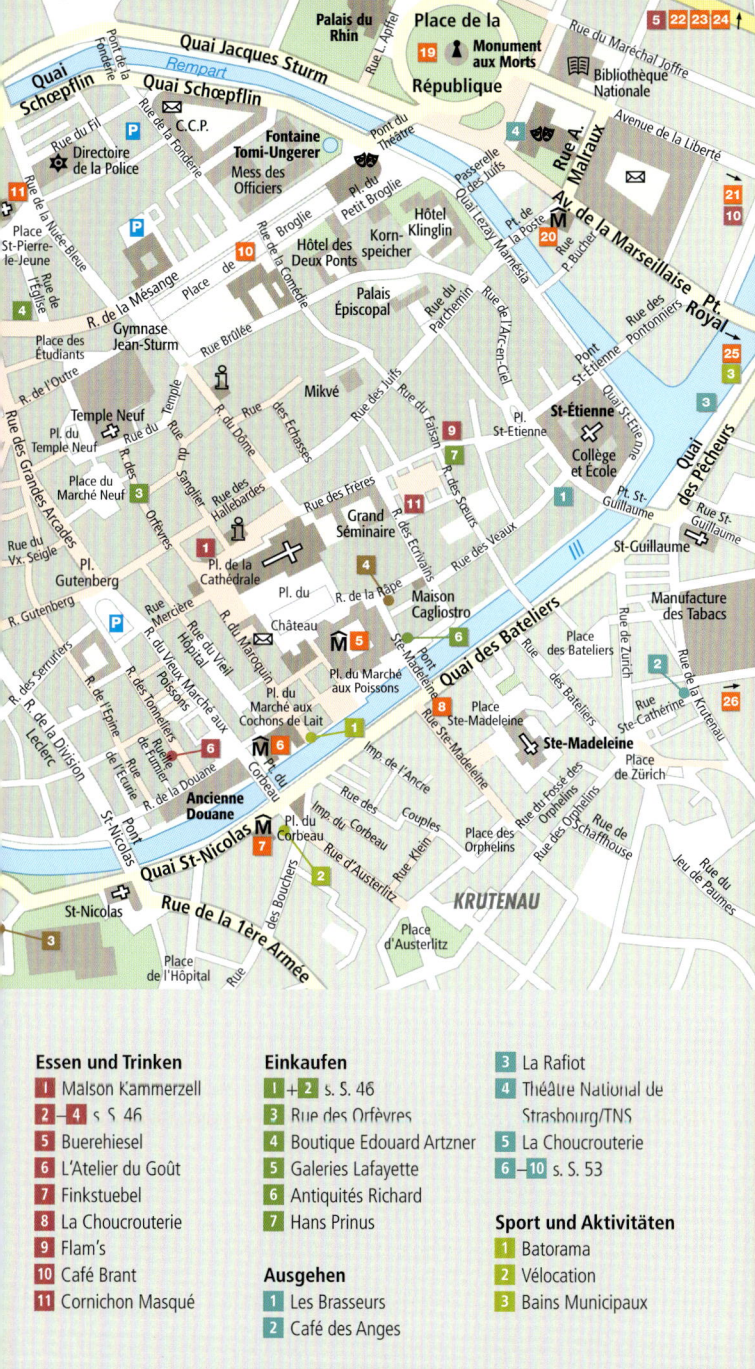

Essen und Trinken

1 Maison Kammerzell
2 – **4** s. S. 46
5 Buerehiesel
6 L'Atelier du Goût
7 Finkstuebel
8 La Choucrouterie
9 Flam's
10 Café Brant
11 Cornichon Masqué

Einkaufen

1 + **2** s. S. 46
3 Rue des Orfèvres
4 Boutique Edouard Artzner
5 Galeries Lafayette
6 Antiquités Richard
7 Hans Prinus

Ausgehen

1 Les Brasseurs
2 Café des Anges

3 La Rafiot
4 Théâtre National de
   Strasbourg/TNS
5 La Choucrouterie
6 – **10** s. S. 53

Sport und Aktivitäten

1 Batorama
2 Vélocation
3 Bains Municipaux

Karte: s. S. 44/45 | **Tram:** Langstross/Grand'Rue

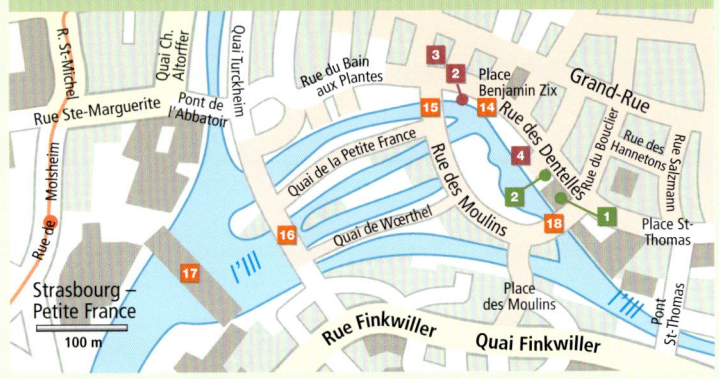

Entdecken Sie Winstubs und Sterne-Restaurants in Straßburgs pittoreskem Viertel Petite France, dem ›Kleinen Frankreich‹. Durchzogen von Kanälen, gespickt mit Brücken und Schleusen, bietet die Gegend eine durchgängige Bebauung mit historischen Fachwerkhäusern und unvergleichliche Blicke.

Unerfreuliches bringt die Etymologie des ›Kleinen Frankreichs‹ zutage: Am Anfang stand hier das Hospital für Syphiliskranke mit Namen »Zum Französel«. Als gut reichsdeutscher Bürger des 16. Jh. gab man dem damals weit verbreiteten Übel eben den Namen des feindlichen Nachbarn. Nicht gerade beliebt war das ehemalige Gerberviertel auch deshalb, weil die zum Trocknen aufgehängten Häute erbärmlich stanken. Aus diesem Grund waren die Gerberhäuser am Stadtrand und in der Nähe von Wasser, in dem die Häute ausgewaschen wurden, errichtet worden.

Die Zeiten ändern sich

Zur Linken eine Schleuse, drumherum einige der ältesten und schönsten schwarz-weißen Fachwerkhäuser der Region: Das nach dem Straßburger Maler aus napoleonischer Zeit benannte Platzensemble **Place du Benjamin Zix** 14 gehört zu den meistfotografierten und meistbesuchten Highlights der Stadt. Was auch die Konzentration von Souvenirläden hier und in den angrenzenden Straßen beweist.

Die **Maison des Tanneurs** 2 oder Gerwerstub, heute ein bekanntes, gut bürgerliches Restaurant mit rundum holzverkleideter Einrichtung, wurde 1572 gebaut und erst 1949 außer Dienst gestellt. Zum Einstieg in die elsässische Küche ist es kein schlechter Tipp, hier das Choucroute zu versuchen: Auf Sauerkraut türmen sich fleischige Genüsse, alle vom Schwein: Würste, Haxen, Kassler. Zum Platz hin kragen die Fachwerkobergeschosse vor, zur Ill hin liegen die heute teils verschlossenen offenen Galerien, in denen die Gerber ihre Häute trocknen ließen. Charakteristisch für die Gerberhäuser sind die offenen Balkone unterm Dach.

Rue du Bain aux Plantes

An dieser Straße, benannt nach den für Frauen reservierten Bädern, stehen die am besten erhaltenen Gerberhäuser. Sie wenden ihre gestuften Giebel mit den zum Trocknen der Häute bestimmten offenen, langgestreckten Dachluken zur Straße. Halb im Souterrain eines Fachwerkhauses liegt die gemütliche Winstub **Lohkäs** 3, deren Kachelofen, alte Holzmöbel und Drehorgel man auch von außen bewundern kann. Der Lohkäs war das, was von der aus Eichen- und später Fichtenrinde gewonnenen Gerberlohe übrig blieb, wenn das Tannin seine Wirkung getan hatte. Er wurde vom Lohkäs-

treppler, oft einem Kind, mit den Füßen in eine Holzform gepresst, getrocknet und als Brennmaterial verwendet.

Das Fasanebrueckel

Die Kurbelbrücke **Pont du Faisan** 15 am Beginn der Rue des Moulins, der einstigen Windmühlenstraße, wird zwar nicht mehr mit der Hand, aber doch noch persönlich von einem Brückenmeister betätigt. Vor Beginn der Aktionen scheucht er alle Fußgänger energisch hinter zwei Schranken. Dann gleitet die Holzbrücke zur Seite und macht dem Ausflugsboot den Weg frei.

Wehrbauten

Seit 1784 sind die **Pont-Couverts** 16, die ›Gedeckten Brücken‹, nicht mehr gedeckt. Drei kopfsteingepflasterte Brücken aus rotem Vogesensandstein ersetzten die mittelalterlichen holzgedeck-

Lauschige Sommerabende garantiert die Petite France

ten Brücken, was dem malerischen Anblick aber keinen Abbruch tut. Zusammen mit den erhaltenen vier quadratischen Wehrtürmen aus dem 13./14. Jh. sicherte das Befestigungswerk die vier Ill-Arme, diente aber auch zum Betrieb der auf die Pfeiler gebauten Mühlen.

Nach Plänen des berühmten Militärarchitekten Vauban wurde Ende des 17. Jh. der **Barrage Vauban** `17`, ein Stauwehr aus 13 Bogen, errichtet. Das Wunderwerk der Militärtechnik ermöglichte im Falle eines Angriffs die Überflutung der Ebene südlich der Stadt, wie es im Krieg 1870/71 auch geschah. Von der später hinzugefügten Dachterrasse aus schweift der Blick über die Ponts Couverts bis zum Münsterturm – eins der schönsten Panoramen von Straßburg. Untendurch führt ein Gang an gruseligen Abstellkammern für ausgemusterte Statuen vorbei.

Zeitgenössische Gourmetküche

Straßburgs Restaurantszene besteht nicht nur aus rustikalen Winstubs. Im intimen **Umami** `4` zelebriert Sternekoch René Fierger eine perfekte Fusionsküche von Elsass und Asien. Die sieben Tische in dem zeitgenössischen weiß-beige-roten und mit dezenten japanischen Zitaten geschmückten Raum sind jeden Abend ausgebucht. Die Speisekarte umfasst nur zwei Vorspeisen, z. B. Jakobsmuschelcarpaccio auf Kohl mit Wasabi, zwei Hauptgerichte, einmal Fisch, einmal Fleisch, z. B. Hirschkuhsteak mit Kokospüree, und nur ein Dessert, z. B. Kürbis-Crèmebrûlée mit Birnen und salzigen Kürbiskernen.

Romantischer Abschluss

Nach einem Abendessen in der Petite France sollte man sich einen Abschiedsblick vom **Pont St-Martin** `18` gönnen. Rechts liegt die alte Kirche, in der heute das Ensemble des Théâtre du Jeune Public junge Zuschauer erfreut. Erleuchtete Fachwerkhäuser säumen das wirbelnde Wasser, das um die Schleusen strömt.

Öffnungszeiten
Barrage Vauban: Für gewöhnlich ist das Wehr täglich ohne Eintritt von 9 bis 19.30 Uhr zugänglich, war aber zur Zeit der Drucklegung wegen Renovierungsarbeiten geschlossen.

Schlemmen
Maison des Tanneurs `2`: 42, rue du Bain aux Plantes, Tel. 03 88 32 79 70, www.maison-des-tanneurs.com, Di–Sa 12–14, 19–22.30, Dez. auch So 12–14 Uhr, elsässische Schnecken 18 €, Choucroute 22 €.
Lohkäs `3`: 25, rue des Bains aux Plantes, Tel. 03 88 32 05 26, Mo–Sa 11.30 –14.30, 18.30–22 Uhr, Menü 25–29 €.
Umami `4`: 8, rue des Dentelles, Tel. 03 88 32 80 53, www.restaurant-uma mi.com, Di–Sa 12–14, 19.30–22.30 Uhr, 3-Gänge-Menü 40 €.

Es weihnachtet sehr
Maison d'Epices `1`: Im Lebkuchenhaus gibt es die die elsässische Spezialität in allen Formen, auch als Schweinchen mit japanischen Schriftzeichen (14, rue des Dentelles, Mo 14–19, Di–Sa 10–19 Uhr).
Un Noël en Alsace `2`: In dem schmalen, nach hinten verzweigten Souvenirladen ist das ganze Jahr über Weihnachten. Engel, Weihnachtsmänner und Glitzerlitzchen, die man sich an den eignen Tannenbaum hängen möchte – oder auch nicht (10, rue des Dentelles, Mo 14–19, Di–Sa 10–19 Uhr)!

Architekten Adrien Fainsilber zeigt eins der ehrgeizigsten französischen Museumsprojekte der letzten Zeit Werke aus Malerei und Plastik von 1860 bis heute. Glanzlichter sind u. a. die Werke von Gustav Doré, Jean Hans Arp, Max Ernst, Georg Baselitz und Sarkis. Im Art Café isst man zeitgenössische Bistroküche inmitten von Design-Interieur, im Sommer speist man auf der Dachterrasse.

Wilhelminische Stadt

Die großzügige Avenue de la Liberté, die Universität und Place de la République verbindet, ist charakteristisch für die klar gegliederte Neustadt, die die preußischen Machthaber nach der Eroberung des Elsass von 1871 an bauten. Die breiten Prachtstraßen und respräsentativen Gebäude in allen Spielarten des Historismus, mal dem Mittelalter nachempfunden, mal mit neoklassizistischer Attitude, sind heute eine begehrte Adresse.

Place de la République [19]
Wilhelminische Renommierbauten aus dem letzten Drittel des 19. Jh. umstehen das weiträumige Karree, in dessen Mitte sich ein Park und das Monument aux Morts befindet, das Antikriegsdenkmal des Pariser Künstlers Léon-Ernest Drivier von 1936. Die Westseite beherrscht das protzig-massige Palais du Rhin, der einstige Kaiserpalast, den der Berliner Architekt Hermann Eggert für Kaiser Wilhelm II. baute.

Musée Tomi Ungerer/Centre d'Illustration [20]
2, av. de la Marseillaise, www.musees-strasbourg.org, Mo, Mi–Fr 12–18, Sa/So 10–18 Uhr, vormittags Gruppen, Eintritt 5 €.
2007 bekam Straßburgs bekanntester zeitgenössischer Künstler sein eigenes

Museum in der neoklassizistischen Villa Greiner. Gezeigt wird ein repräsentativer Querschnitt durch das Werk des Enfant terrible von seinen Werbegrafiken über Kinderbücherentwürfe bis zu morbid-erotischen Werken wie »Fornikon« und »Totempole«.

Palais Universitaire [21]
Pl. de l'Université
Als gelungenste Schöpfung der wilhelminischen Architektur in Straßburg gilt das 1879 bis 1884 vom Berliner Architekten Otto Warth errichtete Universitätshauptgebäude mit seiner 125 m breiten Schaufront.

Europa-Viertel

Für alle politisch Interessierten, die sehen wollen, wo über die europäische Zukunft entschieden wird, ist das moderne, weitläufige Europa-Viertel mit seinen Grünflächen und Wasserwegen ein spannendes Ziel. An der Ill entlang ist es nur ein halbstündiger Spaziergang von der Innenstadt bis dorthin.

Parlement Européen [22]
Allée du Printemps, Tel. 03 88 17 40 01, www.europarl.eu.int, Besichtigung nur von außen. Nach Voranmeldung Teilnahme an Sitzungen des Europäischen Parlaments auf der Besuchertribüne. Tram B, Haltestelle Wacken.
Das futuristische Europaparlament wurde 1999 von über 600 direkt gewählten Parlamentariern bezogen.

Conseil de l'Europe [23]
Av. de l'Europe, Tel. 03 88 41 20 29, www.coe.int, Führung Mo–Fr in der sitzungsfreien Zeit nach Voranmeldung.
Auf dem Rasen um den Sitz des Europarats in einem klotzigen Betonbunker

der 1970er-Jahre stehen zahlreiche moderne Kunstwerke.

Parc de l′Orangerie 24
In Straßburgs größter städtischer Grünanlage finden Familien und Erholungsuchende Spielplätze, den neoklassizistischen Pavillon Joséphine, einen Minizoo mit Störchen, Ziegen, Makis, Papageien und einem Luchs, Ruderboote am künstlichen See sowie ein Bowling-Center.

Hafenviertel

Rund um das Bassin d'Austerlitz entstand das Archipel culturel, ein schickes, postmodernes Viertel rund um die Mediathek André Malraux, die Cité de la Danse et de la Musique und das Einkaufszentrum Rivetoile.

Le Vaisseau 25
1 bis, rue Philippe Dollinger, www.levaisseau.com, Di–So 10–18 Uhr, Eintritt 8 €, Tram: Winston Churchill.
Das didaktisch hervorragend konzipierte Wissenschaftszentrum für Kinder und Jugendliche vollbringt das Wunder, Drei- und Fünfzehnjährige gleichermaßen mit Versuchen und Mitmachspielen zu fesseln.

Jardin des Deux-Rives 26
Bus Nr. 2 vom Hauptbahnhof, Haltestelle: Jardin des Deux-Rives.
Der grenzüberschreitende ›Garten der zwei Ufer‹ wurde 2004 auf der französischen Rheininsel und einem schmalen Uferbereich im deutschen Kehl angelegt. Marc Mimrams zweisträngige Harfenbrücke für Fußgänger schwingt sich grazil über den Rhein. Die runden Gärten haben je ein Thema.

Adressen

Übernachten
Zen im Fachwerkhaus – Chut 1: 4, rue du Bain aux Plantes, Tel. 03 88 32 05 06, www.hotelstrasbourg.fr, DZ ab 120 €. In einem winzigen Fachwerkhaus in der Petite France vereinen sich pure zeitgenössische Deko mit antiken elsässischen Möbeln.

Elegant schwingt sich Marc Mimrams Fußgängerbrücke über den Rhein

Elegant und gemütlich – **Hannong** **2**: 15, rue du 22 Novembre, Tel. 03 88 32 16 22, www.hotel-hannong.com, DZ 128–197 €. Flure und das originale Holztreppenhaus sind mit alten Gemälden, Barockschränken und Plakaten zu regionaler Kunst geschmückt, die Rezeption zeigt Hannong-Fayencen, denn früher stand hier die berühmte Hannong-Fayence-Manufaktur.

Puristisch und ruhig – **Du Dragon** **3**: 2, rue de l'Ecarlate, Tel. 03 88 35 79 80, www.dragon.fr, DZ 71–145 €. Zwei Häuser aus dem 17. Jh. gruppieren sich um einen Innenhof. Die Zimmer sind in zurückhaltenden Weiß-Grau-Tönen und puristischem Design gehalten.

Im Schatten des Münsters – **Suisse Horloge Astronomique** **4**: 2–4, rue de la Râpe, Tel. 03 88 35 22 11, www.hotel-suisse.com, DZ 62–109 €. Diese freundliche Herberge ist seit über 100 Jahren in Familienbesitz. Die Zimmer sind ansprechend schlicht, am besten sind diejenigen unterm Dach.

Essen und Trinken

Relativ touristische Restaurants trifft man im Viertel um die Kathedrale an, eine Mischung aus Winstubs und moderner Küche an den Gassen um die Rue des Tonneliers. (Siehe auch S. 42, 48 und 54, **1** – **4**, **11**.)

Verschlankte Gourmetküche – **Buerehiesel** **5**: 4, parc de l'Orangerie, Tel. 03 88 45 56 65, www.buerehiesel.fr, Di bis Sa 12–14, 18.30–23 Uhr, Mittagsmenu 31 €, abends 65 und 86 €, Bus Nr. 6: Orangerie. Eric Westermann, Sohn des 3-Sterne-Kochs Antoine, kreiert eine junge, moderne Feinschmeckerküche. Die Location, ein wiederaufgebautes Renaissancefachwerkhaus, lohnt allein schon eine Besichtigung.

Schicke Ideen – **L'Atelier du Goût** **6**: 17, rue des Tonneliers, Tel. 03 88 21 01 01, www.atelier-du-gout.fr, Mo–Fr 12 bis 14, 19.30–22.30 Uhr, Mittagsmenü zwei Gänge 23 €. Vom Amuse-Bouche, einer getrockneten Steinpilzscheibe in Liebesperlen, bis zum Brötchen, das in einem zusammengedrehten Papier serviert wird, ist hier alles durchdachtes Design und zeitgenössische Küche.

Traumhaft – **Finkstuebel** **7**: 26, rue Finkwiller, Tel. 03 88 25 07 57, http://finkstuebel.free.fr, Di–Sa 12–14, 18.30 bis 23 Uhr, Hauptgericht 15–25 €. Gemütliche Winstub mit bemalten Holzpaneelen und einer Küche weit über Winstubniveau.

Die weite Welt des Sauerkrauts – **La Choucrouterie** **8**: 20, rue St-Louis, Tel. 03 88 36 52 87, Mo–Fr 12–14, 18 bis 1, Sa 18–1 Uhr, Sauerkrautgerichte ca. 15 €. In einer ehemaligen Sauerkrautfabrik führt der ›elsässische Barde‹ Roger Siffer diese charmant mit Antiquitäten, Flohmarkttrödel, Glasperlenlampen und Tomi-Ungerer-Grafiken eingerichtete Winstub.

Studentisch – **Flam's** **9**: 29, rue des Frères, Tel. 03 88 36 36 90, www.flams.fr, tgl. 11.30–24 Uhr, Flammkuchen ab 5,40 €. In leuchtend rot-gelbem Ambiente kommen bei diesem freundlichen kleinen Kettenrestaurant große Bretter mit Flammkuchen auf den Tisch.

Uni-Café – **Café Brant** **10**: 11, pl. de l'Université, Tel. 03 88 36 89 05, www.cafe-brant.com, tgl. 7.30–20.30 Uhr. In der aus den 1930er-Jahren stammenden Einrichtung – vergoldete Säulen und opulente Lüster – werden Kaffee, Kuchen und kleine Speisen serviert, im Sommer draußen.

Einkaufen

Haupteinkaufsviertel ist das labyrinthische Gassengewirr nördlich und westlich der Kathedrale, wo es Feinkost – vor allem in der **Rue des Orfèvres** **3** – und Mode gibt. Luxusmarken findet man an der Rue du Vieux Marché aux Poissons, die bekannten internationalen Kettenlabels an der Rue des Grandes Arcades.(Siehe auch S. 48 und 54, **1**, **2**, **7**.)

Gänseleber und mehr – **Boutique Edouard Artzner** **4** : 7, rue de la Mésange, Mo 15–19, Di–Fr 9–19, Sa 8.30 bis 18 Uhr, www.edouard-artzner.com. In dem hellen Verkaufsraum gibt es Gänseleber in allen Varianten und Feinkost, nun, vom Feinsten.

Kaufhaus für Fashionistas – **Galeries Lafayette** **5** : 34, rue du 22 Novembre/pl. Kléber, Mo–Sa 9 bis 20 Uhr, www.galerieslafayette.com. Das vierstöckige Edelkaufhaus verführt schon auf den ersten Blick durch die schicken Angebote im Erdgeschoss.

Kurioses, Kostbares – **Antiquités Richard** **6** : Quai du Sable, Tel. 03 88 24 06 58, Di–Sa 9–12, 14–18.30 Uhr. Museumsgleich anmutendes Sammelsurium käuflicher Altertümer von alten botanischen Sammlungen bis zu Barockmöbeln.

Ausgehen (direkt 4| ▸ S. 53)

Mikrobrasserie – **Les Brasseurs** **1** : 22 a, rue des Veaux, Mo–Sa 11.30–1, So 11.30–24 Uhr. Die bei jungen Leuten beliebte rustikale Bierbar bietet preiswerte Speisen wie Flammkuchen vom Holzbrett und das eigene vor Ort gebraute obergärige Bier an.

Publikum künstlerisch-studentisch – **Café des Anges** **2** : 5, rue Ste-Cathérine, tgl. 18–4 Uhr. Neu eröffneter Barklassiker, Musik von Blues bis Electric, Disco, Themenabende.

Auf einem ausgemusterten péniche – **Le Rafiot** **3** : Fr/Sa 12–4, So–Do 10 bis 1.30 Uhr, www.rafiot.net, Snacks 3–7 €. Die Deckterrasse des pflaumenblauen Fluss-Schiffs stellt tagsüber ei-

nen der schönsten Orte von Straßburg dar, um einen Kaffee zu trinken. Spätabends verwandelt sich der in Holz und Kupfer gestylte Schiffsbauch in einen DJ-Club mit 1980er-Jahre-Musik und Vinyl-Partys.

Einziges Nationaltheater der Region – **Théâtre National de Strasbourg/ TNS** **4** : 1, av. de la Marseillaise, Tel. 03 88 24 88 00, www.tns.fr, Tram: République. 1968 von André Malraux gegründet, wird Straßburgs kulturelles Flaggschiff heute von Julie Brochen geleitet.

Elsässisches Kabarett – **La Choucrouterie** **5** : 20, rue St-Louis, Tel. 03 88 36 07 28, www.choucrouterie.com. Die Kleinkunstbühne bringt Stücke in Elsässer Mundart und Französisch in einer ehemaligen Sauerkrautfabrik in der Krutenau.

Sport und Aktivitäten

Bootsrundfahrten – **Batorama** **1** : Tel. 03 88 84 13 13, www.batorama.fr, Dauer: 75 Min. Abfahrt April–Okt. halbstdl. 9.30–21, 29. Nov.–31. Dez. halbstdl. 9.30–17, sonst mindestens 10.30, 13, 14.30 und 16 Uhr, am Ill-Ufer, unterhalb des Musée Historique, 8 €. In Glasdachbooten um die Altstadt bis zum Europa-Viertel.

Kommunaler Fahrradverleih – **Vélocation** **2** : www.velocation.net. Die Stadt stellt Mietfahrräder bereit, 8 € für einen ganzen Tag, 5 € für einen halben Tag. Verleihstationen z. B. 10, rue des Bouchers, Tel. 03 88 24 05 61, April bis Anfang Okt. tgl. 9.30–12.30, 13.30 bis 19, Anfang Okt.–März M bis Sa 9.30 bis 12.30, 13–17 Uhr. Eine Fotokopie des Personalausweises und 100 € Kaution müssen hinterlegt werden.

Schwimmbad und Sauna im Jugendstil – **Bains Municipaux** **3** : 10, bd. de la Victoire, Tel. 03 88 25 ▷ S. 55

4 | Hier spielt die Musik – um die Place du Marché-Gayot

Karte: s. S. 44/45 | **Tram:** Langstross/Grand'Rue

Strasbourg –
Place du Marché-Gayot
100 m

Ob Studentenkneipe oder Parlamentarierdisco, Chill-out-Bar oder Szenerestaurant: An diesem und um diesen kleinen Platz amüsiert sich Straßburgs jeunesse dorée. Im Sommer, wenn alle Tische draußen besetzt sind, glaubt man sich fast in mediterranen Gefilden.

Viele schmale Durchgänge führen von der Place du Marché-Gayot auf die angrenzenden Straßen. Auf der Seite des **Cornichon Masqué** 11 ist das kopfsteingepflasterte Areal recht pittoresk: Fachwerkhäuser bilden den Rahmen zu Tischen, Menü-Schiefertafeln und einigen Bäumen. Der klobige ›Meteorit‹ aus angerostetem Eisen, Daniel Ponoreaus »Pierre troué«, setzt einen künstlerischen Akzent.

Das maskierte Gürkchen

… ist so etwas wie die zentrale Institution hier, eine Kombination aus Restaurant und Treff, verwinkelt, eingerichtet mit flohmarktkompatiblem Krimskrams und viel Holz. Man kann ›richtig‹ essen, ein Tagesgericht zu sich nehmen oder von der regional-klassischen Karte bestellen. Oder auch nur einen Wein oder ein Bier trinken.

Zur Seite der Rue des Frères hin liegen zwei weitere Urgesteine des Straßburger Nachtlebens: Im **Saxo** 6 schlürft man seinen Drink bei leiser Hintergrundmusik. Mahagoniholz, Aluminium, Backstein, Schwarz-Weiß-Fotos und gedämpftes Licht ergeben ein rustikal-schickes Ambiente, in dem sich ein durchweg über 30 Jahre altes Publikum vergnügt. Die Cocktails sind gut und recht günstig. Auch im Tages- und Nachtcafé **Le Gayot** 7 herrscht eine eher ruhige Atmosphäre, auf dem Klavier darf jeder Gast, der sich dazu berufen fühlt, herumklimpern. Beide Bars eignen sich eher dazu, mit Freunden ein Bier zu trinken und sich zu unterhalten, als heiße *soirées* zu feiern.

Flieger und Alchemisten

Dazu geht man in die, wie sie sich selbst nennt, amerikanische Bar **Les Aviateurs** 8, einen der Mythen der Straßburger Nacht, der auch nach Jahrzehnten noch angesagt ist. Besonders hoch geht es zu später Stunde her. An den Wänden hängen Plakate und Fotos aus der namengebenden Luftfahrt, von der Decke zwei Flugzeuge. Das auch altersmäßig gemischte Publikum – Studenten und Parlamentarier, Künstler und Presseleute – amüsiert sich nach Kräften auf der Tanzfläche, deren Enge bekanntermaßen zur Kontaktaufnahme animiert.

Ruhiger geht es gegenüber in der Bar **L´Alchemiste** 9 zu. Der Wirt, ein Fan von Fantasy-Rollenspielen, macht dies u.a. mit Zauberbüchern und einem großen, künstlichen Baum in der Theke deutlich. Aber eigentlich geht es um Cocktails, geschüttelt und gerührt, um die 8 € – und neben den üblichen Verdächtigen Waikiki und Bloody Mary gibt es auch so düster-geheimnisvolle Mischgetränke wie 666.

Party

La Java 10 ist eine heiße, von Generationen von Studenten geprägte *barboîte* (Bar und Disco). Ein Blick auf die Website dieser Straßburger Standardadresse lohnt, um die gelegentlichen Auftritte von Bands und die regelmäßigen Themenabende wie Soirée Etudiante oder Erasmus mitzubekommen. Kult ist »Le Challenge du Barmann« am Dienstag, wenn verschiedene Studentenvereinigungen gegeneinander antreten. Die Musik besteht nicht nur aus Charts, sondern auch aus Rock, Indie, Hip-Hop und Jazz.

Europäische Bierunion

Hans Prinus 7 nennt seinen Bierladen zwar bescheiden *Le Village de la Bière*, aber die über 400 Biersorten sind geografisch wesentlich breiter gestreut. Für ihre Partys decken sich die Straßburger Studenten eher im Supermarkt ein, aber wenn es etwas Besonderes sein soll – ein belgisches Starkbier, ein Himbeerbier, ein elsässisches Weihnachtsbier –, ist man hier richtig. Bestimmt hat jeder einen lieben Freund, dem er eins der Gläser mit der »Alsacienne sans culottes« mitbringen kann, der Elsässerin ohne Hose.

Der Jugendstiltempel der Bains Municipaux

17 58, Schwimmbäder: Mo 8.30–19, Di 16.30 bis 21, Mi 9–20, Do 8–21, Fr 8–20, Sa 8–18, So 8–13 Uhr, Eintritt 2,85 €, Sauna Männer: Mo 13–19, Do 14–21, Sa 8–12.30, Damen: Mi 13–20, Fr 9 bis 12, 14–20, gemischt: Di 14–21, Sa 13 bis 18, So 8–13 Uhr, 12 €, Tram: Gallia. Stilvoll schwimmen und römische Saunafreuden in herrlich altertümlichem Ambiente mit Kupferinstallationen, Marmor, Buntglasfenstern und großväterlichen Sitzbadewannen.

Infos

Office de Tourisme de Strasbourg et sa Région: 17, pl. de la Cathédrale, Tel. 03 88 52 28 28, www.otstrasbourg.fr, tgl. 9–19 Uhr.

Verkehr

Tram: Straßburgs elegant-futuristische Straßenbahn mit fünf Linien fährt zwischen 4.30 und 0.30 Uhr, die Züge kommen etwa im 4-Minuten-Takt. Für die Innenstadt sind die Haltestellen Langstross/Grand'Rue und Porte de l'Hôpital ideal.

Busse wurden weitgehend aus der Innenstadt verbannt. Fast alle Buslinien führen sternförmig von den Tramhaltestellen rund um das Zentrum in die Außenbezirke (Infonummer: Allo CTS, Tel. 03 88 77 70 70, www.cts-strasbourg.fr).

Tickets bekommt man am Bahnhof und an den Haltestellen, bei der Post, in Tabakläden, Kiosken sowie bei Banken und Geschäften mit CTS-Logo. Fahrscheine werden auf dem Bahnsteig entwertet. Ein Einzelfahrschein für Tram und Bus (Unipass) kostet 1,40 €, »24 h individuel« 3,60 € (1 Tag kostenlos alle Busse und Straßenbahnen).

Die Weinstraße von Rosheim bis Rouffach

Schon die Römer wussten, dass sich die Hanglagen der Vogesenvorberge mit ihren Sand- und Kalksteinböden ausgezeichnet zum Weinbau eignen. Das Vogesenmassiv und die warme Rheinebene sorgen für wenig Regen, viel Sonne und eine windgeschützte Lage, also für optimale Weinbaubedingungen.

Rosheim ▶ D 5

Durch vier spätmittelalterliche Stadttore muss man fahren, um das ansehnliche Städtchen zu durchqueren, das sich an einer Hauptstraße entlangzieht. 1354 wurde die schon unter den Staufern wohlhabende Stadt Mitglied des Zehnstädtebundes.

Palais Universitaire
Grand'Rue, nur von außen
Das trutzig wirkende romanische Haus, das die Edelfrau Williberg 1170 um ihres Seelenheils willen dem Kloster auf dem Odilienberg vermachte, hatte zur Erbauungszeit lediglich einen Eingang im ersten Stock. So weist das äußerst seltene Beispiel eines so frühen Wohnhauses auf die sicherheitsbedürftigen Zeiten hin.

Infos
Office du Tourisme: 94, rue du Général de Gaulle, Tel. 03 88 50 75 38, www.rosheim.com, Juni–Sept. Mo–Sa 9–12, 14–18, Sa bis 17, So 10–12 Uhr, Okt. bis Mai Mo–Fr 10–12, 14–17 Uhr.

In der Umgebung

Avolsheim ▶ D 5
In ländlicher Idylle neben einer ›tausendjährigen‹ Linde findet man den schlichten Dompeter, die wohl älteste Kirche des Elsass (9./10. Jh.). Das winzige kleeblattförmige Baptisterium St-Ulrich (um 1000) mit verblichenen Fresken aus dem 12. Jh. steht im Ort selbst.

Rosenwiller ▶ D 5
Am Ausgang des kleinen Weinorts in einem idyllischen Wiesental am Waldrand liegt seit dem 14. Jh. ein jüdischer Friedhof; ein melancholisches, stimmungsvolles Meer grauer Stelen und Grabsteine, überwiegend aus dem 19. und 20. Jh. (Beschilderung: Cimetière Israélite).

Bœrsch ▶ D 5
Dieser Bilderbuchweiler gilt seit dem politischen Zeichner Hansi als Miniaturausgabe eines typischen elsässischen Dorfs: spätmittelalterliche Stadttore, Fachwerkhäuser, Rathaus, Brunnen und mehrere Winzerhäuser aus der Renaissance erinnern an die gute (?) alte Zeit.

Ottrott ▶ D 6

Am Fuße des Wander- und Ausflugsparadieses Odilienberg gelegen, empfiehlt sich der nette, unspektakuläre Ort als Quartier. Er besteht aus dem Unterdorf, wo die Winzer wohnen, und dem schmuckeren Oberdorf, wo die meisten Hotel-

Restaurants liegen. In der Umgebung verlocken artenreiche Wiesen, auf denen sogar Wildorchideen wie das Helmkrabenkraut blühen, zu Spaziergängen.

Les Naïades

30, route de Klingenthal, www.parcles naiades.com, Feb.–Sept. tgl. 10–18.30, Okt.–Jan. Mo–Sa 14–18, So 10–18 Uhr, Eintritt 10 €.
Aquarien illustrieren die fantastische Reise eines Wassertropfens. Haie, Schildkröten, Piranhas, ein Korallenriff sowie im Außenbereich frei laufende Bauernhoftiere faszinieren Kinder.

Übernachten

Elsässischer Landhausstil – **Beau Site:** pl. de l'Eglise, Tel. 03 88 48 14 30, www.hotel-beau-site.fr, DZ 87 bis 160, 3-Gänge-Menü 25 €. Das gehobenbürgerliche Hotel unterhalb der Kirche bietet in seinem Restaurant auch Flammkuchen an. Zu einem Vorzugspreis darf man das mondäne Spa in dem etwas oberhalb gelegenen Luxushotel Hostellerie des Châteaux benutzen (www.hostellerie-chateaux.fr, Zimmer von 139 € an deutlich aufwärts).

Essen und Trinken

Das Elsass aus dem Bilderbuch – **L'Ami Fritz:** 8, rue des Châteaux, Tel. 03 88 95 80 81, www.amifritz.com, Mi geschl., Menüs 26–65, DZ 85–160 €. Eine der emblematischen Winstubs der Region ist eine ein Restaurant mit exzellenter, einfallsreicher Küche: Neben vorzüglichem Choucroute gibt es *foie gras*, Erdbeergratin, dazu die frischen Fritz-Weine. An lauen Sommerabenden sitzt man traumhaft auf der Platanenterrasse, sonst in einem gemütlichen aber etwas distinguierten, holzvertäfelten Rahmen mit Spindler-Holzintarsienbildern und weiterer elsässischer Volkskunst. Nicht gerade preiswerte Zimmer

werden in einem dazugehörigen Haus am Ortsrand vermietet.

Einkaufen

Rouge d'Ottrott – **Jean-Charles Vonville:** 4, pl. des Tilleuls, Tel. 03 88 95 80 25, tgl. 9–12, 13.30–19 Uhr. Den als Roter oder Rosé ausgebauten Pinot Noir, für den der Ort berühmt ist, baut dieser renommierte Winzer im Eichenfass aus.

Sport und Aktivitäten

Ottrotter Burgen: Nach 30 Minuten Waldwanderung (rot-weiß-rot, Beginn Rue des Châteaux im Oberdorf) erreicht man zwei der beeindruckendsten mittelalterlichen Burgen des Elsass: Rathsamhausen mit ihrer hoch aufragenden, wenngleich leicht baufällig wirkenden Palasmauer, und gleich 50 m dahinter die etwas kleinere Lutzelbourg, die Mitte des 13. Jh. zur Belagerung der ersten, den Staufern gehörenden Burg gebaut wurde. Die Burgen dürfen nur von außen besichtigt werden.

Infos

Syndicat d´Initiative: rue Principale, Tel. 03 88 95 83 84, www.ottrott.com, Mai–Okt., Dez. Mo/Di, Do–Sa 13.30 bis 18.30, Jan.–April, Nov. Mo, Do–Sa 15.30–18 Uhr.

Mont Ste-Odile ► D 6

Der geschichtsträchtige Odilienberg war im Frühmittelalter Herzogssitz und das älteste elsässische Kloster, gegründet von der Äbtissin Odilie, der ›Nationalheiligen‹ des Elsass. Älteste Teile der Klosteranlage aus leuchtend rotem Sandstein sind die romanische Kreuzkapelle, die Sarkophage von Odilie und ihren herzoglichen Eltern sowie der Kreuzgang. Von den Aussichtsterrassen hoch über dem Vogesenwald hat man einen fantastischen Blick. Allerdings ist der Mont Ste-Odile vor allem während der Hauptsaison ein ziemlich überlaufenes Ausflugs- und Pilgerziel (www.mont-sainte-odile.com, tgl. 8–21 Uhr, Selbstbedienungsrestaurant).

Übernachten

Nicht nur für Pilger – **Mont Ste-Odile:** im Klosterkomplex, Tel. 03 88 95 80 53, www.mont-sainte-odile.com, DZ 35–60 €. Die Patres vermieten 110 einfache Zimmer, die Hälfte davon mit WC/Dusche.

Sport und Aktivitäten

Wandern: Schnüren Sie die Trekking-Boots und schon sind Sie (relativ) allein: Vom gelben Andreaskreuz auf dem Parkplatz unterhalb des Klosters führen zwei Rundwege von je etwa 2,5 Stunden an der **Heidenmauer** (Mur Païen) entlang, einem 10 km langen Wall aus riesigen Steinblöcken um den Gipfel herum, vielleicht eine keltische Fluchtburg des 4. Jh. v. Chr. oder die Eingrenzung eines Heiligtums. Die Burgruine **Landsberg**, 1198 errichtet, hat einen hübschen Kapellenerker; man erreicht sie nach 15 Minuten Wanderung vom ausgeschilderten Parkplatz an der D 109. Zum ausnehmend gut erhaltenen **Birkenfels** kommt man nach 35 Minuten Fußmarsch, dem blauen Kreuz vom Parkplatz an der N 426 aus folgend. Dort gibt es auch merowingische Gräber und bedeutende Teile der Heidenmauer.

Obernai ▶ D 5–6

Das ehemalige Oberehnheim, einst Mitglied im Zehnstädtebund, gehört zu den schönsten Weinorten im Elsass. Ein halbstündiger Spaziergang führt um die fast vollständige Stadtmauer mit wehrhaften Türmen und einem tiefen, mit bunten Gärten ausgefüllten Graben. An der Place du Marché, dem geschäftigen Zentrum, trifft man auf die Hauptsehenswürdigkeiten: den fast 60 m hohen Kapellturm aus dem 13. Jh. mit seiner Renaissancebalustrade, das Rathaus, den üppig verzierten Sechseimerbrunnen (Puits à Six Seaux), die Kornhalle (Halle aux Blés) aus dem Jahr 1554 (heute Bierrestaurant) und den verwunschenen Fachwerkhof Cour Fastinger aus dem 16. Jh. mit fantasievollen Holzschnitzereien.

Andlau ▶ D 6

In dem reizenden, recht untouristischen Örtchen ist die Bärin von Richardis allgegenwärtig: ob auf den Brunnen oder als romanische Skulptur in der Krypta der Klosterkirche (**direkt 5|** S. 59). Besonders beschaulich ist die Place de la Mairie und die Oberstadt, wo alte Fachwerkhäuser, Anglerbänke und die ehemalige Klostermühle die Andlau säumen.

Übernachten

Neues Traumhotel in einer alten Mühle – **Zinck Hôtel:** 11, rue de la Marne, Tel. 03 88 08 27 30, www.zinckhotel.com, DZ 50–105 €. Die farbbetonten, originellen Zimmer haben alle ein verschiedenes Thema (›Zen‹, ›Baroque‹, ›Tausendundeine Nacht‹), im Frühstücksraum steht das erhalten gebliebene Mühlrad.

Essen und Trinken

Folkloristisch – **Relais de la Poste:** 1, rue des Forgerons, Tel. 03 88 08 95 91, Mi–So, in der Saison tgl. 12–14, 19–21.30 Uhr, Menüs ab 16 €. Inmitten von typischem Winstubdekor gibt es raffinierte Regionalküche von der Tageskarte, etwa Morcheln mit wildem Spargel oder Schnecken und Pfifferlingfrikassee.   ▷ S. 62

5 | Die Säulen der Erde – an der Romanischen Straße

Karte: ▶ D/E 5/6 | Tagesausflug mit dem Auto

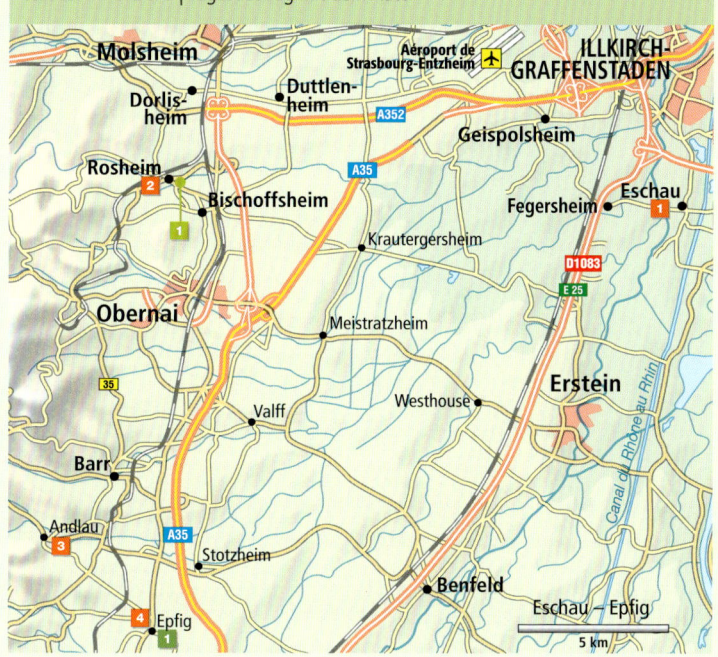

Archaische Kulträume, menschenverschlingende Ungeheuer und wuchtige Heilige – die romanischen Kirchen von Eschau, Rosheim, Andlau und Epfig entführen in eine Zeit, in der Glaubensgewissheit und existenzielle Ängste Hand in Hand gingen.

Unter den Kaisern Friedrich Barbarossa und Friedrich II. wurde im Elsass eine Fülle romanischer Kirchen errichtet, ein Indiz für die wirtschaftliche und kulturelle Blüte der Region, die im 12./13. Jh. zum Kernland des staufischen Reichs gehörte. Viele dieser wuchtigen, schlichten, eleganten und im Vergleich zu anderen romanischen Regionalstilen traditionellen, fast ›altmodischen‹ Gotteshäuser sind von den Touristikern zur Route Romane, der ›Straße der Romanik‹, verbunden worden. Ein blau-grün-rotes Signet mit drei Rundbogen, dem augenfälligsten Stilmerkmal der Romanik, weist von Feldbach im Süden bis Wissembourg im Norden auf interessante Bauten hin. Die hier vorgestellten Kirchen lassen sich auf einem Tagesausflug erkunden.

Die Weinstraße von Rosheim bis Rouffach

Wuchtige Frühromanik

Mit der schlichten, bis auf die Blendbogen an der Apsis-Fassade schmucklosen frühromanischen Kirche **St-Trophîme in Eschau** [1], die vermutlich noch vor 1000 erbaut wurde, steht eines der ältesten Gotteshäuser des Elsass am Tourbeginn. Die Basilika – ein von zwei Seitenschiffen flankiertes Mittelschiff mit Querschiff und halbrunder Apsis im Osten – ist der vorherrschende Bautyp der elsässischen (und europäischen) Romanik. Die berühmten Skulpturenkapitelle des Kreuzgangs werden heute im Musée de l'Œuvre Notre-Dame aufbewahrt (s. S. 41). Der mittelalterliche Kräutergarten auf der anderen Straßenseite erinnert an die Ordensfrauen, die ab 1143 Pilger in ihrem Hospital verköstigten und pflegten.

Ungeheuer auf dem Dach

Die Kirche **St-Pierre-et-St-Paul** [2] in Rosheim ist das Hauptwerk der voll entwickelten Romanik des 12. Jh. Der basilikale Typ und der Stützenwechsel von Säulen und Pfeilern zwischen Mittel- und Seitenschiffen weisen auf ältere Vorbilder hin. Das ›moderne‹ Kreuzrippengewölbe im Mittelschiff dagegen,

das die Konstruktion höherer Räume ermöglicht als flache Holzdecken oder Tonnengewölbe, ist schon ein Element der Gotik. Und ganz anders als in Eschau ist die Kirche innen und vor allem außen mit plastischem Schmuck geradezu überwuchert: ornamentale Zierfriese, Reliefs mit Bibelgeschichten und den Symbolen der Evangelisten und – eine Pionierleistung im damaligen Elsass – vollplastische Figuren von Ungeheuern, Tieren und Menschen. Die Plastik des hockenden Mannes auf dem Schrägdach des Turms wird von manchen Forschern für einen Juden mit Geldbörse gehalten und als Indiz des mittelalterlichen Antisemitismus gewertet, von anderen dagegen als Baumeister mit Mörtelschale interpretiert.

Heiliges und Heidnisches

Der Sage nach wurde im Jahre 887 die tugendhafte und gebildete Richardis von ihrem Gatten Karl dem Dicken des Ehebruchs bezichtigt. Sie bewies durch eine Feuerprobe ihre Unschuld, scheute danach jedoch verständlicherweise die Gesellschaft des Menschen. Eine Bärin, deren totes Junges sie zum Leben erweckte,

Wuchtige Baumassen: die Welt der Romanik in der Chapelle Ste-Marguerite

diente ihr fortan. Als Richardis in dem von ihr gegründeten Kloster zu Andlau starb, folgte ihr die gramgebeugte Bärin.

Der Legende mag man glauben oder nicht, die romanische Plastik der Richardis-Bärin in der Krypta der **Abbatiale Saints-Pierre-et-Paul** 3 scheint Schutz und Sicherheit auszustrahlen. Die dem Paradies gewidmete Portalplastik sowie der Relieffries außen am Westwerk gehören zum Faszinierendsten, was die Bildhauer der elsässischen Romanik geschaffen haben. Man entdeckt kämpfende Ritter, eine Jagdgesellschaft, Menschen verschlingende Ungeheuer, Furcht erregende Löwen, Drachen, Zentauren, Greifen, einen Elefant mit Gefechtsturm. Für die des Lebens und Schreibens unkundigen Gläubigen stellten die biblischen Geschichten, Heiligen und Gottesdarstellungen eine in Stein gemeißelte Bibel dar; sie verkörperten Erlösung und Heilsgewissheit. Die fantastischen Bilder stehen dagegen wohl für Ängste, Sehnsüchte, Aberglauben und knüpfen an heidnische Überlieferungen an, die, von der Kirche bekämpft, ungebrochen in ihrer Macht weiterlebten.

Geschichtete Schädel

Die reizende **Chapelle Ste-Marguerite** 4 am Ortsrand von Epfig besitzt eine mit gedrungenen Säulenfenstern rhythmisch gegliederte, im Elsass einzigartige Vorhalle, durch die früher vielleicht liturgische Prozessionen zogen. Im Innern wurde die Kapelle durchgreifend restauriert, sodass auch Reste der Wandmalereien zu sehen sind. Drumherum sind ein stiller Friedhof, eine dunkle Eibenallee, daneben ein Beinhaus mit säuberlich aufgeschichteten Schädeln: ein nachdenklich stimmender Ort, der seine ganz besondere Magie vor allem im warmen Licht der untergehenden Sonne entfaltet.

Öffnungszeiten
St-Trophîme: rue de la 1ère Division Blindée, Eschau, tgl. 8–19 Uhr.
Kräutergarten: gegenüber der Kirche, Eschau, Juni–Sept. So 14.30–18 Uhr und n. V., Tel. 03 88 64 03 76.
St.-Pierre-et-St-Paul: rue du Général de Gaulle, Rosheim, tgl. 9–19, Juli/Aug. 10–17 Uhr.
Abbatiale Saints-Pierre-et-Paul: Cours de l'Abbaye, Andlau, Juni Sa/So 14–17, Juli/Aug. Do–Sa 10–11.45, tgl. 14–17 Uhr.
Chapelle Ste-Marguerite: Epfig, Mai–Sept. 9–20, Okt.–April 9–16 Uhr.

Mittelalterliche Musik
Festival Voix et Route Romane 1: 37, av. de la Gare, Rosheim, Tel. 03 90 41 02 02, www.voix-romane.com. Von Mai bis Mitte Juli und im September finden Konzerte mittelalterlicher Musik, Ausstellungen, Führungen und Bankette statt. Solisten und Ensembles aus aller Welt tragen mittelalterliche Musik in verschiedenen elsässischen Kirchen, Burgen und anderen stimmungsvollen Stätten vor. Auf der Website kann man CDs mit authentischer mittelalterlicher Musik bestellen.

Weinmagie
Seit fast zwei Jahrzehnten vinifiziert **André Ostertag** 1 nach biodynamisch-anthroposophischen Regeln Trauben, deren Weine in der Spitzengastronomie von New York bis Tokio Furore machen. Bodenarbeiten unternimmt er bei untergehender Sonne, um den Erde-Einfluss auf die Wurzeln zu sichern, auch der Mondkalender ist von Bedeutung (87, rue Finckwiller, Epfig, Tel. 03 88 85 51 34).

Einkaufen

Bio-Wein – **Marc Kreydenweiss:** 12, rue Deharbe. Grand Cru Kastelberg oder Le Clos du Val d'Éléon aus Pinot Gris und Riesling von einem der Pioniere des biologischen Weinbaus im Elsass sind nicht eben preiswert.

Sport und Aktivitäten

Wandern: Der mit einem blauen Punkt markierte Weg – Beginn am Ortsausgang, der Straße nach Le Hohwald, Parkplatz Gasthof Ancienne Scierie – führt in 2,5 Stunden über die auch mit dem Auto erreichbare Gaststätte Maison Forestière Hungerplatz zu den beiden imposanten Burgen aus dem 14. Jh., der **Spesbourg** und der **Haut-Andlau.**

Infos

Office du Tourisme: 5, rue du Général de Gaulle, Tel. 03 88 08 22 57, www.pays-de-barr.com, Mo–Sa 10–12, 14–17 Uhr.

Barr ▶ D 6

Die kleine Weinstadt besitzt ein charmantes Zentrum mit viel Fachwerk und einem Renaissancerathaus. Über eine Treppe erreicht man den mit Köpfen verzierten romanischen Kirchturm und von dort einen empfehlenswerten Weinlehrpfad.

Übernachten

Luxus auf der Neoburg – **Château de Landsberg:** 133, rue de la Vallée (nordwestlich außerhalb), Tel. 03 88 08 52 22, www.chateau-landsberg.com, DZ 75110 €. In dem im Grünen gelegenen Nachbau der Burg Landsberg haben alle Zimmer eine Wanne mit integriertem Whirlpool, manche einen offenen Kamin. Das Turmapartment reicht über drei Etagen; Sauna, Indoor-Pool, Fitnessraum, Restaurant, Buffetfrühstück.

Dambach-la-Ville ▶ D 7

Das entzückende Ministädtchen mit Fachwerkhäusern und Renaissancerathaus, -brunnen und engen Gassen schmiegt sich in den fast vollständig erhaltenen Mauerring mit drei Stadttoren aus dem 14. Jh. Hier arbeiten um die 60 Winzer. Vom Rathaus führt ein Weinlehrpfad in einer Viertelstunde hoch zur gotischen Chapelle St-Sébastien mit bewohntem romanischem Turm, üppigem barockem Schnitzaltar, finsterem Beinhaus und fantastischem Blick auf Dambach.

Von der Kapelle wandert man auf blauem Punkt in ca. 45 Minuten zum gut erhaltenen, in jüngster Zeit restaurierten Château Bernstein aus cremefarbenem Granit, von dessen Donjon sich ein noch weiterer Blick über die Ebene bietet.

Einkaufen

Im Fachwerkpuppenhaus – **Caveau Nartz:** 12, pl. du Marché, http://nartz. michel.pagesperso-orange.fr, Mo–Sa 9 bis 12, 13.30–18 Uhr. Alle Reben werden manuell geerntet und im Eichenfass ausgebaut. Im tonnengewölbten Probierkeller kann man sie verkosten.

Sélestat ▶ D 7
(direkt 6 ▶ S. 64)

Behutsam restauriert und dabei erfreulich untouristisch, lohnt die Metropole des Ried mit etwa 20 000 Einwohnern einen eingehenden Besuch. Das Ried, die weite Flussebene zwischen Straßburg und Colmar, war im Mittelalter ein von Flüssen durchzogenes Überschwemmungsgebiet, heute ist es ein Zentrum des Gemüseanbaus.

Das ehemalige Schlettstadt war Freie Reichsstadt und Mitglied des Zehnstädtebundes. Wie es sich für eine mittelalterliche Stadt gehörte, hatte es eine Stadt-

Sélestat

Sehenswert

1 St-Foy
2 St-Georges
3 Résidence d'Ebersmunster
4 Bibliothèque Humaniste
5 Tour Neuve

6 Tour de Sorcières
7 Le Rêve

Übernachten

1 Auberge Alliés

Essen und Trinken

1 Le Bon Pichet

Sport und Aktivitäten

1 Armand Boespflug

mauer, von der nur die **Tour Neuve** 5 und die **Tour des Sorcières** 6 aus dem 13./14. Jh. erhalten geblieben sind. Am Boulevard Vauban sind noch Reste der Bastionen (Les Remparts) zu sehen, mit denen Vauban die Stadt im 17. Jh. für Ludwig XIV. von Frankreich befestigte. In dem stillen Viertel mit bescheidenen Häuschen leuchtet nachts am Ufer der gemächlich dahinströmenden Ill die Sarkis-Installation »**Le Rêve**« 7 von 1993.

Übernachten

Keine Experimente – **Auberge des Alliés** 1: 39, rue des Chevaliers, Tel. 03 88 92 09 34, DZ 58–65, Hauptgericht ca. 14 €. Die Traditionsherberge in einem Haus aus dem 18. Jh. hat im Stil der 1980er-Jahre eingerichtete, passable Zimmer und ein gutbürgerliches Restaurant mit viel Holz und halbrunden Butzenglasfenstern, das Regionalküche serviert.

Essen und Trinken

Deftig – **Le Bon Pichet** 1: 10, pl. Marché-aux-Choux, Tel. 03 88 82 96 65, tgl. 12–14, Di–Sa 18–22 Uhr, Hauptgericht ca. 9 €. In der rustikalen Winstub mit viel Holz kommen Regionalspezialitäten auf den Tisch, im Sommer auch auf einer reizenden Terrasse.

Sport und Aktivitäten

Radverleih – **Armand Boespflug** 1: rue Ste-Barbe, Tel. 03 88 92 05 14.

Infos

Office du Tourisme: Commanderie St-Jean, 10, bld. du Général-Leclerc, Tel. 03 88 58 87 20, www.selestat-tourisme.com, Mo–Fr 9–12, ▷ S. 66

6 | Wiege des Humanismus – Sélestat

Karte: ▶ D 7 | Altstadtbummel mit Bibliotheksbesuch

Sélestat war von 1452 an, als hier die in ganz Europa berühmte Lateinschule gegründet wurde, bis etwa 1525 eines der geistigen Zentren des Rheinischen Humanismus. Mittelalterliche Kirchen, Renaissancegebäude und vor allem die Bibliothèque Humaniste, ein Hort von alten Manuskripten, Inkunabeln und Briefen, machen Sélestat zu einem visuellen Genuss.

Jakob Wimpfeling (1450–1528) und Beatus Rhenanus (1485–1547), zwei Hauptvertreter des Humanismus, der Geistesbewegung am Beginn der Moderne, sind in Sélestat geboren und starben auch hier. Wimpfeling hat ein reiches Lebenswerk theologischer, historischer und pädagogischer Schriften hinterlassen und war ein Schüler des berühmten Straßburger Theologen Geiler von Kaysersberg sowie der Lehrer Jakob Sturms, der in Straßburg 1538 die Hohe Schule gründete.

Die Kenntnis der griechischen und römischen Autoren sowie die Beherrschung des klassischen Lateins im Gegensatz zum mittelalterlichen ›Küchenlatein‹ waren die Neuerungen, die der Humanismus in die erstarrte Welt der spätmittelalterlichen Philosophie einbrachte.

Grabstätte des Beatus Rhenanus

Die Kirche **St-Georges** **2** wurde im frühen 13. Jh. als romanische Basilika begonnen, doch die späteren Bauepochen bestimmen das Gesamtbild, sodass wir heute eine der größten gotischen Kirchen des Elsass vor uns haben. Neben der grau-goldenen Renaissancekanzel bilden die drei 1420–1460 entstandenen Chorfenster den kostbarsten Kirchenschatz. Der als Fleischermeistersohn Beat Bild geborene spätere Humanist Beatus Rhenanus wurde in St-Georges begraben. Sein Hauptwerk ist das 1531 erschienene »Rerum Germanicarum Libri Tres«, eine deutsche Geschichte, die man aufgrund ihres kritischen Quellenstudiums und des Bemühens um unparteiische Schilderung oft als Vorläufer der modernen Geschichtsschreibung anführt.

Als Freund großer Gelehrter wie Erasmus und Reuchlin standen dem ›glücklichen Rheinländer‹ deren Bibliotheken offen. Dass er ein lupenreines Latein schrieb, versteht sich von selbst.

Das Buch im Zentrum

Das vielleicht schönste Renaissancegebäude Sélestats ist die efeubewachsene **Résidence d'Ebersmunster** 3 , das 1543 errichtete Stadtpalais der Äbte von Ebersmunster (s. S. 66). Sie liegt auf dem Weg zur **Bibliothèque Humaniste** 4 , eine der bedeutendsten Sehenswürdigkeiten des Elsass und auf der Liste des UNESCO-Weltdokumentenerbes.

In lichtgeschützten Vitrinen beherbergt der ehemalige Getreidemarkt die ältesten Bücher der Region, z. B. ein merowingisches Lektionar, das kommentierte Bibeltexte enthält, Klosterhandschriften mit farbenprächtigen Buchmalereien und verschlungenen Initialen, Inkunabelschätze aus der Frühzeit des Buchdrucks wie die Wiegendrucke des Schlettstädter Buchdruckers

Übrigens: Die Kirche **Ste-Foy** 1 stand schon über 2 Jahrhnderte als die Lateinschule gegründet wurde. Sie ist eins der Hauptwerke der elsässischen Romanik und wurde in der zweiten Hälfte des 12. Jh. gebaut, noch bevor der Staufer Friedrich II. Schlettstadt 1217 zur Freien Reichsstadt erhob. Bemerkenswert sind das imposante Westwerk mit Vorhalle, die Türme mit ihrem Reichtum an geometrischen Schmuckformen sowie das in feierliches Dämmerlicht getauchte Kircheninnere aus rotem Vogesensandstein. In der Krypta entdeckte man 1890 während der Restaurierungsarbeiten den Gipsabdruck eines weiblichen Leichnams – die Tote war mit Kalk übergossen worden. Vielleicht ist sie die staufische Urmutter Hildegard von Büren, die 1087 den Vorgängerbau von Ste-Foy gestiftet hatte.

Johann Mentel (ca. 1410–78), religiöse Kunst und archäologische Exponate.

Den Kern der Bibliothek bilden der Bestand der Schlettstadter Lateinschule und die Schenkung des Beatus Rhenanus an seine Heimatstadt. Hierzu gehören u. a. seine Klassikerausgaben, an denen er als Herausgeber und Korrektor mitgewirkt hat, ein Schulheft aus seiner Zeit an der Lateinschule und ein Tertullian-Manuskript aus dem 11. Jh., an dessen krudem Mittellatein der Ausnahmehumanist philologische Korrekturen anbrachte.

Öffnungszeiten

St-Georges: pl. St-Georges, tgl. 8–18 Uhr.
Ste-Foy: pl. du Marché Vert, tgl. 8–18 Uhr.

Bibliothèque Humaniste: 1, rue de la Bibliothèque, www.bibliotheque-humaniste.eu, Mo, Mi–Fr 9–12, 14–18, Sa 9–12, Juli/Aug. auch Sa/So 14–17 Uhr, Eintritt 4 €.

14–17.45, Sa bis 17, in der Saison länger und auch So 11–15 Uhr. Die ehemalige Johanniterkommende ist ein sehenswertes Renaissancegebäude.

In der Umgebung
In dem beschaulichen Riedort **Ebersmunster** reckt weithin sichtbar die wohl schönste Barockkirche des Elsass ihre Zwiebelturmhelme gen Himmel: Die pathetischen Gemälde und der Stuck haben süddeutsche Vorbilder (tgl. 9–12, 14–18 Uhr). Kinder wird ein Besuch auf der **Haut-Kœnigsbourg** begeistern (direkt 7 S. 67).

Ribeauvillé ► C 8

Der Ort ist einer der schönsten an der Weinstraße. Das ist aber auch der Grund, warum er vor allem im Sommer wahre Besuchermassen anzieht. Zusammen mit Riquewihr und Kaysersberg stellt er so etwas wie das Dreigestirn der Weinstraße dar. Am zentralen Rathausplatz liegen die gotische **Eglise du Couvent des Augustins** mit einem Figurenportal aus dem 15. Jh., das neoklassizistische **Hôtel de Ville** von 1773 sowie die **Tour des Bouchers**, der Metzgerturm aus dem 13. Jh. Der Löwe auf der prachtvollen Mittelsäule des Renaissancebrunnens von 1536 hält das Wappen der Rappoltsteiner, einen zerhackten Türken, den Ahnherr Kuno auf dem zweiten Kreuzzug 1147 im Zweikampf besiegt haben soll. In der etwas ruhigeren Oberstadt entdeckt man pittoreske Fachwerkensembles und Brunnen, z. B. an der Place de la Sinne (direkt 8 S. 70).

Übernachten
Fachwerk – **Seigneurs de Ribeaupierre:** 11, rue du Château, Tel. 03 89 73 70 31, www.ribeaupierre.com, DZ ab

130 €. Das stilvolle Hotel in einem altem Fachwerkhaus bietet individuelle, liebevoll mit Antiquitäten ausgestattete Zimmer. Die freundlichen Besitzerinnen servieren ein ausgezeichnetes Frühstück.

Sport und Aktivitäten
Radverleih – **Cycles Binder:** 82, Grand'Rue, Tel. 03 89 73 65 87.

Infos
Office du Tourisme: 1, Grand'Rue, Ribeauvillé, Tel. 03 89 73 23 23, www.ribeauville-riquewihr.com, Mo–Sa 10 bis 12, 14–17, April–Okt. bis 18 und auch So 10–13 Uhr.

In der Umgebung

Bergheim ► C 8 und **St-Hippolyte** ► C/D 7 Eingebettet in sanft hügelige Rebenmeere, ducken sich zwei der charmantesten Örtchen der Weinstraße hinter ihren gut erhaltenen spätmittelalterlichen Befestigungen. Wehrhaft thront das kleine **Zellenberg** (► C 8) auf einem Felsrücken. Fachwerkhäuser, schmale Gassen, ein Storchennest auf dem mittelalterlichen Turm – eine nicht überlaufene Idylle.

Illhaeusern ► D 8

Das stille Dorf in der von Mais- und Tabakkulturen beherrschten Tiefebene, dem Ried, ist ein weltbekanntes Gourmetpilgerziel: Hier kochen die Haeberlins, seit Jahrzehnten vom Michelin mit drei Sternen bedacht.

Übernachten
Unterschrift: Haeberlins – **Hôtel des Berges:** 4, rue des Collonges au Mont d'Or, Tel. 03 89 71 87 87, www.hotel-des-berges.fr, DZ 270–315 €. ▷ S. 74

7 | Eine Burg für den Kaiser – die Haut-Kœnigsbourg

Karte: ▶ C 7 | **Anfahrt:** mit dem Auto oder per Shuttlebus ab Bahnhof Sélestat

Lange Zeit als preußisches Disneyland verspottet, erntet die rekonstruierte Hochkönigsburg heute auch von Fachleuten vorsichtiges Lob. Im Umkreis von wenigen Kilometern liegen weitere familientaugliche Publikumsattraktionen.

Breit und behäbig liegt die **Haut-Kœnigsbourg** 1 auf dem 755 m hohen Vogesenberg, ein 270 m langes Schiff aus rosafarbenem Sandstein. Und – sie hat Dächer. Alle anderen elsässischen Burgen liegen in Ruinen. Nur die Hochkönigsburg nicht. Ihre Ruinen ließ der deutsche Kaiser Wilhelm II. in den Jahren 1900 bis 08 als Symbol der Inbesitznahme von Elsass-Lothringen neu errichten. Der junge Berliner Architekt Bodo Ebhardt (1865–1945) machte seine Sache sogar historisch relativ korrekt.

Welche Burg hätten's denn gern?

Um 1114 befestigte Herzog Friedrich II. von Schwaben, der ›Einäugige‹, den ›Estuphin‹ genannten Bergkegel zur Kontrolle zweier wichtiger Handelsstraßen, auf denen Wein und Getreide, Salz und Silber transportiert wurden. Der Hauptstützpunkt der staufischen Macht am Oberrhein war eine romanische Doppelburg, deren Reste Bodo Ebhardt konservierte, die er aber nicht wiederherstellte. Denn sie wurde 1462 zerstört und danach von Oswald von Tierstein, einem Gefolgsmann der Habsburger, als eine einzige spätmittelalterliche Anlage neu errichtet. Diese Burg, die im 16. Jh. sukzessive mit Artilleriebefestigungen gegen die neuen Feuerwaffen verstärkt und 1633 von den Schweden zerstört wurde, machte Ebhardt zum Ausgangspunkt seiner Rekonstruktion.

Luxuriös eingerichtet

Die imposante Ringmauer ist durchgehend mit gedeckten Wehrgängen bekrönt und weist wie der Torturm mit Fallgitter und der quadratische Bergfried auf den ausgeklügelten Verteidigungscharakter der Burg hin. Am Hofbrunnen des Innenhofs hat sich Ebhardt bildlich verewigen lassen. Die Holzgalerien sind mit Fresken zum Thema der *neuf preux*, neun mittelalterliche Helden wie Karl der Große und König Artus, geschmückt, die Wohngemächer luxuriös eingerichtet. Aus ganz Europa zusammengetragene Originalmöbel vom ausgehenden Mittelalter bis zum Dreißigjährigen Krieg vermitteln ein quasi authentisches Bild vom Leben der Herrschaften.

Besonders prunkvoll präsentiert sich der Festsaal, in dem Kaiser Wilhelm pompöse Empfänge feiern wollte. Der Straßburger Leo Schnug (1878–1933) malte ihn mit historischen Themen wie einem Ritterturnier, edlen Damen und der Belagerung der Burg im Jahre 1462 aus. Zum Abschluss gelangt man in die Burgkapelle, eine Waffenkammer mit spätmittelalterlichen Waffen, und die Westbastion, die das Hauptverteidigungswerk darstellte.

En famille

Bei Kintzheim leben an die 300 Berberaffen aus dem Atlasgebirge auf der **Montagne des Singes** 2 . Man kann die in Familienverbänden frei lebenden Tiere auf einem Spaziergang durch den Wald beobachten und viel über ihre Lebensweise lernen, ja, man darf sie sogar mit vor Ort erworbenem Futter füttern. Dass es trotzdem wilde Tiere sind, die sich nicht zum Streicheln eignen, erklären einem die mehrsprachigen Assistenten.

Vor der grandiosen Kulisse der Burgruine von Kintzheim, im 13. Jh. als Teil des staufischen Burgenrings im Elsass errichtet, lassen die Falkner der **Volerie des Aigles** 3 ihre Geier, Adler und Habichte fliegen. Nicht immer kommen sie zurück, wie sie sollten, denn die Greifvögel haben ihren eigenen Kopf.

Echte Ruinen

Die Ortenbourg ist eine der imposantesten Burgen des Elsass, und sie liegt so einsam und zerstört auf ihrem Vogesenberg, wie die schwedischen Soldaten sie im Dreißigjährigen Krieg zurückließen. Von der Huhnelmühle am Orts-

Fast so frei wie im heimatlichen Atlasgebirge leben die Berberaffen im Vogesenwald

rand von Schwerwiller wandert man auf dem mit einem roten Rechteck markierten Pfad etwa 25 Minuten steil bergauf. Zunächst kommt man an der nicht zugänglichen kleineren **Ramstein** 4 vorbei, die, wie ihr Name sagt, zur Eroberung der etwa 10 Minuten später erreichten **Ortenbourg** 5 errichtet wurde. Diese, 1260 bis 65 vom deutschen König Rudolf von Habsburg als Hauptstützpunkt seines Geschlechts im Elsass gebaut, fasziniert durch ihren von Falken umkreisten, unregelmäßig fünfeckigen Donjon. Eine 20 m hohe Mantelmauer sichert den 47 m hohen Turm gegen Geschütze.

Öffnungszeiten

Haut-Kœnigsbourg: www.haut-koenigsbourg.fr (auch in Deutsch), Nov.–Feb. tgl. 9.30–12, 13–16.30, März, Okt. 9.30–17, April/Mai, Sept. 9.15–17.15, Juni–Aug. bis 18 Uhr, Eintritt 7,50 €. Vielfältige Veranstaltungen wie Museumsnacht, Fantasy-Tage für Kinder, Konzerte u. v. m.
Montagne des Singes: www.montagnedessinges.com, tgl. März/April, Okt./Nov. 10–12, 13–17, Mai/Juni, Sept. 10–12, 13–18, Juli/Aug. 10–18 Uhr, Eintritt 8,50 €.
Volerie des Aigles/Château Kintzheim (▶ D 7): www.voleriedesaigles.com, Vorführungen April/Mai Mo–Fr 15/Mai 14.30, 16, Sa/So 14.30, 15.45, 17, Juni–13. Juli, 21.–31. Aug. tgl. 14.30, 15.45, 17, 14. Juli–20. Aug. tgl. 11, 14, 15.30, 17, Sept. Mo–Fr 15, 16, Sa/So 15, 16, 17, Okt.–11. Nov. tgl. 14.30, 15.45 Uhr, Eintritt 9 €.

Shuttlebus

Navette du Haut-Kœnigsbourg: 14. Juni–14. Sept. tgl., sonst Sa/So vom Bahnhof von Sélestat zur Haut-Kœnigsbourg, Volerie des Aigles und Montagne des Singes, ca. sechsmal tgl., 4 €.

Übernachten und Wandern

Auberge de la Meunière 1 : Dieser Bilderbuchgasthof mitten in den Vogesen bietet gemütliche rustikale Zimmer, eins sogar mit Jacuzzi (»Bourgeoise«), ein Restaurant mit leicht veredelter Regionalküche und weitem Blick sowie Sauna und Whirlpool (bis rue Ste-Anne, Thannenkirch, Tel. 03 89 73 10 47, www.aubergelameuniere.com, DZ mit Frühstück 74–142 €, Restaurant tgl. 12.15–14, 19.15–21 Uhr, Menüs 17 bis 39 €). Von hier kann man direkt ins Taennchel-Massiv loswandern, z. B. zur rätselhaften vorzeitlichen Heidenmauer.

Flammkuchenspezialist

Auberge St-Martin 1 : Außer Flammkuchen in allen Variationen und zwei Größen tischt man in dem Fachwerkbau die üblichen Speisen der Regionalküche wie Baeckeoffe und Choucroute auf (80, rue de la Liberté, Kintzheim, Tel. 03 88 82 04 78, www.auberge-saintmartin.fr, Do–Di 12–14, 19–22 Uhr, Tartes ab 5,50 €).

Karte: ▶ C 8 | **Anfahrt:** mit dem Auto, aber Achtung, Promillegrenze beachten

In dem pittoresken Fachwerkort Ribeauvillé dreht sich alles um Reben und was man daraus machen kann. Winzer und Winstubs stehen im Dienst der Gäste, von denen es viele, für manch einen zu viele gibt. Relativ einsam ist man auf einer Wanderung zu den grandiosen Rappoltsteiner Burgen und im malerisch in die Weinberge eingebetteten Winzerdorf Hunawihr.

Von der Weinstraße im Unterdorf zieht sich **Ribeauvillé** 1 entlang der Hauptstraße Grand'Rue zum Oberdorf hinauf. Mindestens jedes dritte Fachwerkhaus scheint einen Souvenirladen zu beherbergen. Die Rappoltsweiler Burgen, Inbegriff des elsässischen Mittelalters im dunkelgrünen Vogesenwald, beherrschen den Ort optisch noch immer. Das ist auch kein Zufall, denn das ehemalige Rappoltsweiler war nie Freie Reichsstadt, sondern stand stets unter der Fuchtel der mächtigen Herren von Rappoltstein, die es 1290 mit einer Stadtmauer umgaben und zum Marktplatz erhoben.

Mittelalterlicher Musikantenstadl

Die bekannte Winstub **Zum Pfifferhüs** 1 an der Touristenmeile Grand'Rue erinnert daran, dass die Rappoltsteiner auch Herren der Spielleute waren, der Fahrenden des Elsass. Das größte Volksfest des Elsass, der Pfifferdaj am ersten Sonntag im September, lässt diese Tradition wiederaufleben (s. S. 20). Hinter der Fassade mit den barocken Schnitzfiguren von Maria und dem Verkündigungsengel liegt eine Winstub-Institution mit urig typischer Einrichtung: Trockenblumenhimmel, Holzvertäfelung und Fresken. Auf die Tischdecken mit mittelalterlichen Motiven, u. a. um die lokale Pfeifer-Tradition, kommt Sauerkrautsalat und Blutwurst in Blätterteig oder auch Ausgefalleneres wie Linsen-Hering-Terrine. Die große Auswahl an Weinen der Region versteht sich da von selbst.

Weinproben-ABC

In Ribeauvillé wie an der ganzen Weinstraße hat man die Qual der Wahl zwischen den vielen Probierstuben *(dégustations)*. Generell gilt: Der Winzer speist zu Mittag, darum ist seine Probierstube dann geschlossen. Während der Weinlese *(vendanges)* muss man mit unregelmäßigen Öffnungszeiten rechnen. Das Preissegment reicht von etwa 5 € für einen Sylvaner über einen Grand Cru ab etwa 16 € zu den Spätlesen ab etwa 22 €.

Weinproben sind in der Regel kostenlos, aber es gilt als grob unverschämt, sich die Probiergläschen füllen zu lassen und sich dann mit einem fröhlichen »merci, au revoir« zu verabschieden, ohne etwas zu kaufen. Auch eine einzelne Flasche gilt als unfein. Lassen Sie sich besser nicht die ganze Palette eines Weinguts vorführen, sondern beschränken Sie sich auf drei, höchstens vier Weine. Gemeinhin kauft man 6er- oder 12er-Kartons, die touristischeren Weingüter haben auch Kombipacks im Angebot: ein Pinot Noir, ein Riesling, ein Sylvaner, ein Edelzwicker usw.

Biologisch gekeltert

Louis Sipp **1** vermarktet seine bekannten Weine selbst, ist also ein *négociant propriétaire*. Die Parzellen seines Weinguts sind über die gesamte mosaikartig gestückelte Weinlage Ribeauvillés verstreut – diese Aufsplitterung ist für das gesamte Elsass charakteristisch. Als Folge davon besitzen die elsässischen Spitzenweine ein ausgeprägtes Terroir, wie die Winzer sagen. Der nahezu unübersetzbare Begriff spielt auf die jeweilige Bodenbeschaffenheit, auf Mikroklima und Topografie an, die alle zusammen die Wasserversorgung der Reben beeinflussen und sich später im Charakter des Weins niederschlagen.

Auf 40 ha besitzt Louis Sipp auch drei Grand-Cru-Lagen (die Spitzenlagen des elsässischen Weinbaus): Kirchberg, Geisberg und Osterberg. Die Reben werden von Hand geerntet und auf biologische Weise angebaut und vinifiziert. Sipp verzichtet auf Insektizide und kämpft mit natürlichen Hormongaben gegen die schädliche Reblaus. Er baut alle sieben elsässischen Rebsorten aus, wobei die Grand-Cru-Weine Riesling Kirchberg und Gewürztraminer Ostertag immer wieder prämiert werden.

Die Nase schmeckt mit

Verlässt man die hektische Grand´Rue, stößt man in einer der wesentlich weniger besuchten Seitengassen auf die Probierstube der **Distillerie Metté** **2**. Die *eaux de vie* von Philippe Traber, der seine Kunst vom ›Magier‹ Jean-Paul Metté gelernt hat, sind Brände der Weltspitzenklasse, nicht nur von Wein und Obst, sondern auch etwa von Kakao oder Trüffel. Zur Probe ›schnüffelt‹ man nur an den Gläsern und mehr als drei Sorten verträgt die beste Nase nicht.

In der Oberstadt

In einem stattlichen, aus der Renaissance stammenden Winzerhaus der Oberstadt verkauft **Jean Sipp** **3** seine renommierten Weine. Auf 50 Parzellen ist sein Weinberg verstreut, der ebenfalls alle sieben elsässischen Rebsorten liefert. Sein Flaggschiff ist der Riesling Grand Cru Kirchberg, der sich durch ein ausgeprägtes Terroir-Aroma auszeichnet. In der gemütlichen, holzgetäfelten Probierstube, dem *caveau*, kann man auch einen Crémant kosten, den nach der Champagnermethode hergestellten elsässischen Sekt, sowohl aus Pinot-Blanc- als auch aus Pinot-Noir-Trauben weiß gekeltert.

Was die Nase hergibt – Weinprobe im rustikalen Holzfasskeller

In die Waldeinsamkeit

Am Sportplatz oberhalb des Lycée beginnt der mit einem gelben Kreuz markierte, anfangs recht steile Burgenrundweg (reine Gehzeit gute 2 Std.), der zunächst zur kleineren Vasallenburg **Girsberg** 2 führt, ein gräulicher Granitbau aus dem 13. Jh. mit fünfeckigem Donjon auf besonders schroffem Felsen. Bald danach erreicht man die sandsteinrote Hauptburg **St-Ulrich** 3 mit dem viereckigen Donjon und der romanischen Fensterreihe des Palas.

Auf der im 12. Jh. errichteten Burg, vielleicht die schönste des Elsass, residierten die Rappoltsteiner und empfingen die fahrenden Musikanten. Als Letztes kommt man zur **Haut-Ribeaupierre** 4 oben auf dem Berg mit rundem Donjon. Auch hier saßen Vasallen der Rappoltsteiner.

Unter dem Schutz der hl. Huna

Ein Spaziergang von etwa 20 Minuten durch die Weinberge führt ins vom Tourismus fast unberührte Nachbardorf **Hunawihr** `5`. Brunnen plätschern vor sich hin, blumengeschmückte Fachwerk- und Winzerhäuser säumen die schmalen, ansteigenden Straßen. Die spätmittelalterliche Wehrkirche inmitten des befestigten Friedhofs wird immer wieder in den Touristikbroschüren abgebildet. Im Innern befinden sich Fresken zur Nikolauslegende von 1492. Vom malerischen Ste-Huna-Brunnen neben dem offenen Waschhaus im Unterdorf führt ein Weinlehrpfad mit Erklärungstafeln z. B. zu den Grand-Cru-Lagen Rosacker und Mandelberg (4 km, 1,5 Std.). Die hl. Huna ist die lokale Schutzpatronin der Winzer.

Bei Winzerfamilie **Mallo** `4` kann man im schlichten Probierstübchen im Innenhof des Winzerhauses preiswerte und edle Tropfen verkosten. Madame Mallo empfiehlt zum Einstieg, wie es Usus ist, einen leichten Trinkwein wie den Pinot Blanc, dann geht es zu den ›großen Gewächsen‹ wie dem Grand Cru Rosacker, der erst nach mehrjähriger Lagerung sein volles Mandelaroma entwickelt. Einen besonders gehaltvollen Wein ergeben Rebstöcke, die mehr als 25 Jahre *(vieilles vignes)* alt sind – ihre Ertragsmenge ist geringer als die junger Stöcke und ihre Wurzeln haben sich metertief bis zu den geschmacksbildenden Mineralien in die Erde gegraben.

Einkaufen

Louis Sipp `1`: 5, Grand'Rue, www.sipp.com, Mo–Sa 8–12, 14/Sa 14.30 bis 18, So 10.30–12, 14.30–18 Uhr, Jan./Feb. Sa Nachmittag und So geschl.

Distillerie Metté `2`: 9, rue des Tanneurs, www.distillerie-mette.info, Mo–Fr 9–12, 13.30–18.30, Sa April bis Juni, Sept.–Dez. 14–18.30, Jan. bis März, Juli/Aug. 16–18 Uhr.

Jean Sipp `3`: 60, rue de la Fraternité, www.jean-sipp.com.

Frédéric Mallo `4`: 2, rue Saint-Jacques, Hunawihr, Tel. 03 89 73 61 41, Mo–Sa 9–12, 13.30–18 Uhr.

Öffnungszeiten

Eglise de Hunawihr: 15. Mai–25. Nov. tgl. 9–18 Uhr.

Wenn die Kinder genug von Wein haben

Centre de réintroduction des cigognes `6`: In dem Zentrum für die Wiedereinführung der Störche im Elsass – sie werden die ersten 3 Jahre über daran gehindert, nach Afrika zu

fliegen – werden auch Fischotter, Kormorane, Robben und Bisamratten in einer Show gezeigt – alles sehr tier- und kindgerecht (April–11. Nov. 1 bis 12, 14–17.30 Uhr, Saison länger und Sa/So auch über Mittag offen, Vorführungen der fischenden Otter 15, 16, Saison auch 17, 18 Uhr).

Winstub

Zum Pfifferhüs `1`: 14, Grand'Rue, Tel. 03 89 73 62 28, 12–14, 18.30–22 Uhr, Menü 22 €.

Traumhaftes Luxushotel in einer umgebauten, ehemaligen Tabakscheune, next door zum Gourmet-Event. Gnadenlos zahlt man fürs Frühstück noch mal extra.

Essen und Trinken

Dafür gibt es nur ein Wort: spitze – **Auberge de l'Ill:** 2, rue des Collonges au Mont d'Or, Tel. 03 89 71 89 00, www.auberge-de-l-ill.com, Mi–So 12 bis 13.30, 19–21.15 Uhr, Menüs ab 121 € aufwärts. In der dritten Generation schaffen die Haeberlins internationale Spitzenküche in ihrem großzügigen, eleganten Restaurant mit Blick auf das idyllische, von Weiden gesäumte Ill-Ufer. Die Preise sind jedoch auch sehr großzügig, eine Vorspeise, der legendäre Hummersalat, kostet schon mal 71 €. Bei aller Berühmtheit – neuerdings mit einer Dependance im japanischen Nagoya – herrscht eine entspannte Gastfreundschaft ohne Allüren.

Riquewihr ► C 8

Das alte Reichenweier, ein geranien- und fahnengeschmücktes Fachwerk-Freilichtmuseum, gehört nicht grundlos zu den meistbesuchten historischen Orten in Frankreich. Die überwiegende Mehrheit der Häuser stammt noch aus dem 16. und 17. Jh. und zeugt vom blühenden Wohlstand dieser Zeit.

Musée du Dolder

Rue du Général de Gaulle, April–Juni, Sept. bis Okt. Sa/So 13.30–18 Uhr, Juli/Aug. tgl., Eintritt 3 €.
Im Dolder, einem mittelalterlichen Torturm, ist ein kleines Stadtmuseum auf drei Etagen untergebracht; von oben blickt man weit über die mittelalterlichen Gassen und die Ebene.

Musée de la Communication en Alsace

Château des Princes de Wurtemberg-Montbéliard, www.shpta.com, April bis 1. Nov. tgl. 10–12, 14–17.30 Uhr, Eintritt 5 €.
Das Museum im Renaissancepalast widmet sich der Geschichte der Post von römischen Zeiten bis heute sowie der Telekommunikation und zeigt u. a. Postkutschen des 18. Jh.

Musée Hansi

16, rue du Général de Gaulle, April bis Dez. Di bis So 10.30–18, Juli/Aug. auch Mo 14–18, Jan.–März Di–So 14–18 Uhr, Eintritt 3 €.
Hansi alias Jean-Jacques Waltz (1873 bis 1951) hat das Bild vom pittoresk-ländlichen, frankreichtreuen Elsass unter der Knute der lachhaften Preußen wie kein anderer geprägt.

Übernachten

Um den Innenhof eines Winzerhauses – **Hôtel à l'Oriel:** 3, rue des Ecuries Seigneuriales, Tel. 03 89 49 03 13, www.hotel-oriel.com, DZ 69–145 €. Charmant rustikal eingerichtete Zimmer im Zentrum.

Essen und Trinken

Feinschmeckerküche mit Michelinstern – **La Table du Gourmet:** 5, rue de la 1ère Armée, Tel. 03 89 49 09 09, www.jlbrendel.com, April–Mitte Nov. Mi–Mo 19.15–21.15, Mitte Nov.–März Fr–Mo 12.15–13.45, Do–Mo 19.15 bis 21.15 Uhr, Menüs 39–95 €. Der Speisesaal des spätmittelalterlichen Hauses mit alten Holzbalken, Kupfertheke und roten Wänden trägt zur Küchenmagie bei.

Einkaufen

Wein mit Tradition – **Hugel et Fils:** 3, rue de la 1ère Armée. Traditionswinzer-

Weinberge umschließen Riquewihr, die Perle der Weinstraße

familie seit 300 Jahren, streng begrenzte Ertragsmengen; im sehenswerten alten Caveau liegt das älteste benutzte Fass der Welt, »Caterine« (1715). Hier werden alle elsässischen Rebsorten angebaut und gekeltert.

Infos
Office du Tourisme: 2, rue de la 1ère Armée, Tel. 03 89 73 23 23, www.ribeauville-riquewihr.com, Mo–Sa 10 bis 12, 14–17, in der Saison länger und auch So 10–13 Uhr.

Kaysersberg ▶ C 8

Fachwerkhäuser und Besucher drängen sich in dem malerischen Ort zu Füßen der Burgruine: Kaysersberg ist nichts für Einsamkeitsuchende. Autos bleiben auf den Parkplätzen außen vor. Hingucker in Kaysersberg sind die Kirche mit dem romanischen Tympanon und dem schaurigen Beinhaus neben der spätmittelalterlichen Michaelskapelle, die staufische Burgruine mit dem runden Donjon, für die man 5 Minuten ganz schön steil bergauf muss, sowie das romantische Bauensemble der befestigten Brücke über die Weiss.

Unmittelbar hinter Kaysersberg beginnt der Regionalpark Südvogesen. Die N 415 über Labaroche zum Col du Bohomme an der Route des Crêtes ist eine der Hauptverbindungen nach Westen.

Essen und Trinken
Großzügige elsässische Portionen –
La Vieille Forge: 1, rue des Ecoles, Tel. 03 89 47 17 51, tgl. 12–13.45, 18.45–21 Uhr, Menüs 18–33 €. Regionales wie Reh mit Heidelbeeren und Quittendessert wird in einem rustikalen Ambiente mit freiliegenden Holzbalken serviert.

Einkaufen
Ein Drittel der Weine sind biologisch – **Colette Faller:** 25, route du Vin, www.domaineweinbach.com, Mo–Sa 9–12, 13.30–18 Uhr. Madame Faller und ihre Töchter produzieren auf dem

berühmtesten Weingut der Stadt Kaysersberg, der Domaine Weinbach, fruchtige, mineralische Weine.

Infos

Office du Tourisme: 39, rue du Général de Gaulle, Tel. 03 89 78 22 78, www.kaysersberg.com, Mo–Sa 9 bis 12.30, 14 bis 17.30, Juni–Sept. bis 18 und auch So 10–12.30 Uhr.

In der Umgebung

Kientzheim ► C 8

Vor den Toren von Kaysersberg liegt der ebenfalls befestigte, deutlich weniger überlaufene Weinort Kientzheim. Das elsässische Weinmuseum ist im Hof des Château Schwendi untergebracht, das der Weinbruderschaft Confrérie St-Etienne gehört. Wer all die Winzergeräte und ihre Erklärungen fleißig studiert, kommt als Kenner des elsässischen Weinanbaus aus diesem kleinen, altmodischen Museum heraus (Musée du Vignoble et des Vins d'Alsace, 1 B, Grand'Rue, www.musee-du-vignoble-alsace.fr, Juni–2. Nov. tgl. 10 bis 12, 14 bis 18 Uhr, Mai nur Sa/So, Eintritt 4 €). Ein appetitanregender Spaziergang führt vom Untertor mit der Lalli-Fratze, einer Schießscharte in Gesichtsform, einmal um die Stadtmauer herum, vorbei an einigen Bauerngärten.

In restaurierter mittelalterlicher Abtei – **L'Abbaye d'Alspach:** 2–4, rue Foch, Kientzheim, Tel. 03 89 47 16 00, www.hotel-abbaye-alspach.com, DZ 69 bis 117 €. Einfache rustikale bis nahezu luxuriöse Zimmer, teilweise mit antiken Möbeln eingerichtet, in ruhiger Lage. Architektonische Hingucker sind die Wendeltreppe und der reizende Innenhof.

Sigolsheim ► C 8

Die romanische Kirche des im Krieg zerstörten Orts vor den Toren von Kaysersberg besitzt ein wundervolles Tympanon mit archaischen Heiligen, Fratzen und Monstern (tgl. 8–18 Uhr).

Turckheim ► C 9

Von dem berühmten Grand-Cru-Weinberg Brand eröffnet sich ein fantastischer Blick auf das reizende, annähernd dreieckige Städtchen, das den Eingang zum Munster- oder Fechttal bewacht. Die historische Bausubstanz blieb fast vollständig erhalten: Teile der Stadtmauer mit den drei Toren **Porte de France** – wo man ankommt und die Störche nisten sieht –, Porte de Brand und Porte de Munster. Besonders sehenswert sind das Rathaus und das **Hôtel des Deux-Clefs** aus der Renaissance sowie die Grand'Rue.

Übernachten

Auf der Stadtmauer – **Hôtel Berceau du Vigneron:** 10, pl. de Turenne, Tel. 03 89 27 23 55, www.berceau-du-vigneron.com, DZ 60–73 €. Elsässisch-rustikal renoviertes Fachwerkgebäude. Aufgepasst: Die herrlich altmodischen Zimmer haben niedrige Decken.

Essen und Trinken

Verfeinerte Regionalküche – **l'Homme Sauvage:** 19, Grand'Rue, Tel. 03 89 27 56 15, www.restauranthomme sauvage.com, Do–Sa 12–13.30, 18.45 bis 21.30, So 12–14 Uhr, 3-Gänge-Menü 28 €. In dem historischen Gebäude aus dem 17. Jh. wird eine feine, gut gewürzte Winstubküche serviert.

Einkaufen

Bio-Wein – **Zind-Humbrecht:** 4, route de Colmar, Mo–Sa 9.30–12, 13.30–18 Uhr. In ununterbrochener Folge von Vater und Sohn reicht die Geschichte dieser Winzerfamilie bis 1620 zurück. Im Angebot finden sich rassige, starke Weißweine, auch Pinot Noir.

Infos und Termine
Office du Tourisme: Corps de Garde, Tel. 03 89 27 38 44, www.turckheim. com, Mo–Fr 9–12, 13.30–18, Sa 10 bis 12, 14–17, Juli/Aug. auch So 10–12 Uhr. Das Renaissancegebäude war früher Sitz der Zünfte, Wacht- und Rathaus und ist selbst eine Sehenswürdigkeit. Von hier geht der berühmte **Nachtwächterrundgang** los: Von Mai bis Oktober um 22 Uhr können Sie den Nachtwächter mit Dreizack, Umhang und Laterne auf seiner Runde durch die Stadt begleiten.

Colmar ▶ C/D 9

An der Hauptstadt des Département Haut-Rhin und drittgrößten Stadt des Elsass mit ca. 90 000 Einwohnern fährt kein Tourist vorbei. Die belebte Altstadt ist ein wahres Freilichtmuseum des Fachwerkbaus und historischer Gebäude aus Spätmittelalter und Renaissance. Es versteht sich, dass man die pittoresken Winkel, vom Zeichner Hansi zum Urbild aller Postkarten gemacht, höchstens an einem regnerischen Novembertag für sich allein hat. Berühmt ist Colmar vor allem als Heimat des Isenheimer Altars (**direkt 9** ▶ S. 79) und der »Madonna im Rosenhag«. Freitags und samstags abends wird die Innenstadt effektvoll mit einer bunten Lichtshow illuminiert.

Maison des Têtes **1**
19, rue des Têtes.
Es gehört zu den prächtigsten Renaissancebürgerhäusern des Elsass, wurde 1609 erbaut und ist mit einem Erker und

105 Köpfen geschmückt: daher der Name. Heute eins der führenden Hotel-Restaurants.

Eglise des Dominicains **2**
Pl. des Dominicains, Ende März–Dez. tgl. 10–12.45, 15–17.45 Uhr, 3 €.
In der weiten, hohen Halle der durch ihre Schlichtheit bestechenden Bettelordenskirche bildet ein Hauptwerk der Rheinischen Spätgotik, Martin Schongauers »Madonna im Rosenhag« (La Vierge au Buisson de Roses) aus dem Jahre 1473, den Blickfang. Der Goldhintergrund sowie das unendliche Zarte und Preziosenhafte von ›Hübsch Martins‹ Kunst sind noch ganz mittelalterlich, die naturgetreu beobachteten Pflanzen und Vögel, die man tatsächlich noch heute alle Ende Mai/Anfang Juni in der Natur antrifft, könnten auch in der Neuzeit gemalt worden sein.

St-Martin **3**
Pl. de la Cathédrale, tgl. 8.30–18 Uhr außer So morgens.
Die Martinskirche, eine der bedeutendsten gotischen Kirchen der Region, stammt großteils aus dem 13./14. Jh. Das romanische Südportal zeigt die Legende des hl. Nikolaus und Maistres Humbret, den Baumeister.

Corps de Garde **4**
Das ehemalige Stadtwachenhaus mit einem Renaissanceportal aus dem Jahr 1575 liegt gegenüber der Kirche St-Martin.

Musée Bartholdi **5**
30, rue des Marchands, www.musée-bartholdi.com, März–Dez. Mi–Mo 10–12, 14–18 Uhr, Eintritt 5 €.
Geburtshaus des Colmarer Bildhauers Auguste Bartholdi (1834 bis 1904), des Schöpfers der amerikanischen Freiheitsstatue. ▷ S. 83

9 | Wer war Grünewald? – Isenheimer Altar im Musée d'Unterlinden

Karte: s. S. 82 | **Museumsbesuch:** ca. 2 bis 3 Stunden

Einen Mystiker, einen Ketzer, einen mittelalterlichen Expressionisten hat man den Schöpfer des Isenheimer Altars genannt, eines der berühmtesten Kunstwerke der Welt. Geheimnisvoll wie seine Werke ist die Maler-Biografie, über die alle paar Jahre eine hitzige kunstgeschichtliche Debatte entflammt.

An die 200 000 Kunstinteressierte besuchen jedes Jahr das **Unterlinden-Museum** , dessen exquisite Sammlung in einem 1230 von zwei adligen Witwen gegründeten Frauenkonvent ausgestellt wird. Und dort in der **Kapelle,** die noch aus der Gründungszeit stammt, steht der monumentale Wandelaltar, den der Maler Mathis Gothart Nithart alias Grünewald und der Bildschnitzer Niklaus von Haguenau in den Jahren 1512–1516 für das heute zerstörte Antoniterkloster im nahen Isenheim schufen.

Wandelaltar mit zehn Tafeln

Einst bekamen die Gläubigen, passend zu den entsprechenden Kirchenfesten, immer nur eine der drei Wandlungen oder Schauseiten des aufklappbaren Altars zu sehen. Heute ist er auseinandergenommen, sodass alle zehn Tafeln gleichzeitig bewundert werden können.

In geschlossenem Zustand sah man im Zentrum die Kreuzigung, auf der Predella (Sockel) die Beweinung Christi und auf den Seitenflügeln den hl. Antonius und den Pestheiligen Sebastian. Letzterer gilt als ›Selbstbildnis‹ des Malers, doch beweisen lässt sich das nicht.

Die zweite Wandlung zeigte die Verkündigung, eine angstvoll vor dem Engel zurückweichende Maria in einer Kombination aus gotischer Kirche und Gemach, das geheimnisvolle Engelskonzert, die Geburt Christi in einem Paradiesgärtlein mit realistisch wiedergegebenen Geburtsrequisiten sowie die Auf-

78

erstehung; auf der Predella blieb die Beweinung zu sehen.

Mit der dritten Wandlung wurden die Heiligenfiguren des Antonius mit seinem Symbol, dem Schwein, des Augustinus, vor der links der Stifter Jean d'Orlier, Abt des Isenheimer Klosters, kniet, und des Hieronymus mit seinem Löwen enthüllt. Der Bildhauer Niklaus von Haguenau schnitzte, bemalte und vergoldete die drei Holzfiguren. Grünewalds Gemälde »Besuch des hl. Antonius beim hl. Paulus Eremita« und »Die Versuchung des hl. Antonius« flankieren sie. Christus und die Apostel auf der Predella schnitzte ein unbekannter Meister.

400 Jahre vor dem Expressionismus ...

… schuf Grünewald mit der ersten Wandlung ein Universum des Schmerzes, das den Betrachter sofort gefangen nimmt. Die bleichen Gesichter und geröteten Augen, die verzerrten Körperproportionen, der geschundene Körper des Gekreuzigten und die Farbpalette, ein ›höllischer‹ Kontrast aus Nachtschwarz und Blutrot, sind pure künstlerische Ausdrucksformen des Leidens. Sie scheinen ihrer Zeit weit voraus zu sein, und tatsächlich hatte der 1918 in München ausgestellte Altar eine enorme Wirkung auf die vom Ersten Weltkrieg zermürbten Menschen – und die Expressionisten.

Ganz anders gestaltet sich die visionäre Farbgebung der zweiten Wandlung, die an den Hochtagen des kirchlichen Festkalenders, an Ostern und Pfingsten, den Triumph des Glaubens unterstrich. Den verklärten Christus der Auferstehung gibt Grünewald in Farben wider, deren Leuchtkraft wir heute psychedelisch nennen würden.

Die dritte Wandlung wurde nur am 17. Januar, dem Patronatstag des hl.

Höllisch: Dämonen versuchen den hl. Antonius

Himmlisch mit höllischem Hintergrund: das Engelskonzert

Antonius, aufgeschlagen und ist vollständig dessen Verehrung gewidmet. Die Isenheimer Antoniter unterhielten ein Hospital für Pilger und am sogenannten Antoniusfeuer Leidende, eine im Mittelalter weit verbreitete Krankheit, die durch Mutterkorn, einen parasitären Pilz im Getreide, hervorgerufen wurde. Abstoßende Symptome dieser tödlichen Krankheit wie aufgeschwollene Bäuche, Geschwüre und faulende Gliedmaßen meint man an den Dämonen der »Versuchung des hl. Antonius« zu erkennen.

Das rätselhafte Engelskonzert
Über kaum eine andere Tafel haben die Kunsthistoriker so viel gerätselt wie über das Engelskonzert, ein recht dämonisch wirkendes Gewimmel von Puttenköpfen und Engeln unter einer spätgotischen, von alttestamentarischen Propheten bekrönten Architektur. Die Gestalt des gefiederten dunklen ›Engels‹ links an der Wand mit dem Kamm auf dem Scheitel lässt an Luzifer denken. Aus dem farblich diagonal in einen leuchtend hellen und einen nachtschwarzen Bereich geteilten Gefängnis Welt scheint die schwangere Himmelskönigin in einem gelb-roten Nimbus den Weg zu weisen. Oder ist es Frouwe Welt, die ewige Verführerin, Eva oder Lilith? Nicht zuletzt aufgrund des vieldeutigen Engelskonzerts wurde Grünewald immer wieder mit ketzerischen oder revolutionären Bewegungen seiner Zeit wie den Wiedertäufern oder den aufrührerischen Bauern in Verbindung gebracht. Doch genügten die Betonung des Hässlichen, die sich im Isenheimer Altar nachweisen lässt, und die ärmliche Kleidung einiger seiner Gestalten, um den Maler als Regime- und Religionskritiker zu vereinnahmen?

Mathis, Gothart, Grünewald?
Der Künstler Grünewald tritt, anders als sein Zeitgenosse Dürer, hinter seinem Werk zurück: Sein Hauptwerk, der Isenheimer Altar, ist nicht signiert. Dies und die Betonung des Leidens lässt Grünewald noch ganz mittelalterlich erschei-

nen, auch wenn seine künstlerischen Ausdrucksformen auf uns heute ›modern‹ wirken. Das um 1475/80 in Würzburg geborene Genie, das für seine Hauptauftraggeber, die Erzbischöfe von Mainz, auch als Wasserkunstmacher und Baumeister tätig war, nannte sich selbst Gothart, mit Nithart als Zunamen – den Namen Matthias Grünewald heftete ihm sein erster Biograf Joachim von Sandrart 1675 an, vermutlich aufgrund einer Verwechslung. Gothart starb 1528 in Halle an der Saale und hinterließ ein schmales Werk von Zeichnungen und Gemälden. In seinem Nachlass befinden sich auch zeitgenössische Flugschriften und lutherische Bücher: Man wird davon ausgehen können, dass die großen Ereignisse dieser Umbruchszeit am Beginn des 16. Jh. wie Reformation und Bauernkrieg in Grünewalds Werke eingeflossen sind.

Schongauer – Meister des späten Mittelalters

Ebenfalls in der Kapelle aufgestellt sind die vier erhaltenen Öltafeln von den Seitenflügeln des Orlier-Altars. Kein Geringerer als Martin Schongauer (geb. 1450 in Colmar, gestorben 1491), ein anderer ganz Großer der Oberrheinischen Schule, malte sie 1470 auch für die Antoniterkomturei in Isenheim. Gottvater, der auf Wolkenkissen über der Verkündigung wacht, der ganz klein wiedergegebene Stifter Jean d'Orlier, der Abt des Isenheimer Klosters, der ›altmodische‹ Goldhintergrund und die vornehme Zurückhaltung in Mimik und Gestik der Gestalten zeigen die Meisterschaft Schongauers ebenso wie seine feste Verwurzelung in der spätgotischen Stiltradition. Der Ge-

gensatz zu dem gewaltigen Werk Grünewalds könnte nicht größer sein und zeigt auch, wie weit sich Kunst und Menschenbild in den 40 Jahren, die zwischen beiden Altären liegen, verändert haben.

Im Museum

In den tonnengewölbten Kellerschiffen des Untergeschosses sind die Vorgeschichte ab 5500 v. Chr., die Römerzeit mit dem Mosaik von Bergheim aus dem 3. Jh. und, als effektvoller Kontrast, moderne Kunst u. a. von Pablo Picasso und Fernand Léger untergebracht. Im Obergeschoss sieht man eine vielfältige Sammlung aus Kunstgewerbe, Volkskunst, Waffen und Musikinstrumenten.

Im Erdgeschoss entdeckt man den Schwerpunkt der Sammlung, die Oberrheinische Kunst des 15./16. Jh. an der Wende vom Mittelalter zur Renaissance. Die älteren Werke wie Caspar Isenmanns Passionsaltar aus der Colmarer Martinskirche (1465) sind mit ihrem goldenen Hintergrund noch sehr spätmittelalterlich. Eine ausgeprägte Tendenz zum Realismus zeigt sich in den in ihrer Detailgenauigkeit uns heute verstörenden Märtyrerbildern.

Die Moderne hält mit profanen Themen, Perspektive und Charakterstudium Einzug in die Kunst. Ein unbekannter Künstler schuf um 1470/80 mit »Stillleben mit Flaschen und Büchern« das erste Nur-Stillleben nach der Antike. Ein genau beobachtetes Frauenporträt Hans Holbeins des Älteren (um 1465–1524) und Lucas Cranachs des Älteren (1472–1553) der perspektivisch noch nicht ganz gelungene »Melancholia« zeigt den Einfluss der ›neuen‹ Bewegungen von Humanismus und Reformation.

Öffnungszeiten
Musée d'Unterlinden 9 : 1, rue d'Unterlinden, www.musee-unterlinden.com, Mai–Okt. tgl. 9–18, Nov. bis April Mi–Mo 9–12, 14–17 Uhr, Eintritt 7 €.

Colmar

Sehenswert

1 Maison des Têtes
2 Eglise des Dominicains
3 St-Martin
4 Corps de Garde
5 Musée Bartholdi
6 Maison Pfister
7 Koifhus
8 Petite Venise
9 Musée d'Unterlinden

Übernachten

1 La Maison des Têtes
2 Le Colombier

Essen und Trinken

1 JY'S
2 Au Koifhus

Einkaufen

1 Arts et Collections d'Alsace
2 Marché Couvert

Ausgehen

1 Murphy's
2 Toucan Club

Sport und Aktivitäten

1 Sweet Narcisse

Maison Pfister 6

Rue des Marchands.
Das mit Holzbalkonen und dunklen Fassadenmalereien geschmückte Haus eines reichen Silberbergwerk-Besitzers von 1537 liegt in einer der schönsten und ältesten Gassen der Altstadt. Im Geschäft im Erdgeschoss kann man stilecht Spirituosen und Wein kaufen.

Koifhus 7

Pl. de l'Ancienne Douane.
Das große Gebäude aus Spätmittelalter und Renaissance diente einst als Zollamt, Warenlager und Gerichtsgebäude.

Petite Venise 8

Zum romantischen alten Stadtviertel ›Klein Venedig‹ gelangt man über das alte Gerberviertel (Quartier des Tanneurs) mit seinen Häuschen aus dem 15. bis 18. Jh. zwischen Koifhus und Markthalle, dann am Quai de la Poissonnerie entlang. Den klassischen Blick auf die Fachwerkherrlichkeit am Lauch-Ufer genießt man von der Brücke des Boulevard St-Pierre. Petite Venise gehört zu den schönsten Ecken Colmars.

Übernachten

Im denkmalgeschützten Renaissancehaus – **La Maison des Têtes** 1: 19, rue des Têtes, Tel. 03 89 24 43 43, www.la-maison-des-tetes.com, DZ 91 bis 230 €, Menüs 29,80–62 €. Gediegene Zimmer mit viel Holz und sparsamen modernen Zutaten, im Feinschmeckerrestaurant regionale Küche mit modernem Flair in einem prunkvollen Esssaal.
Design meets Fachwerk – **Le Colombier** 2: 7, rue de Turenne, Tel. 03 89 23 96 00, www.hotel-le-colombier.fr, DZ 86–199 €. Fachwerkhaus aus der Renaissance in Petite Venise mit postmodernem Interieur um einen kühlen Innenhof.

Essen und Trinken

Feinschmeckerküche im Herzen der Petite Venise – **JY'S** 1: 17, rue de la Poissonnerie, Tel. 03 89 21 53 60, www.jean-yves-schillinger.com, Di–Sa 12 bis 14.30, 19–22.30, 4-Gänge-Menü 55 €. In einem Haus aus dem 17. Jh. mit einer Trompe-l'œil-Fassade kreiert Chef Schillinger in elegantem Design-Interieur.
Winstubseligkeit – **Au Koifhus** 2: pl. de l'Ancienne Douane, Tel. 03 89 23 04

Klein-Venedig ist der Inbegriff Colmarer Fachwerkidylle

90, http://restaurant-koifhus-colmar.fr, tgl. 12–13.45, 19–21.45 Uhr, Hauptgericht ca. 12 €. In der holzvertäfelten Gaststube kommen elsässische Klassiker von Gänsestopfleber über Wildschwein mit Spätzle bis zu Hechtklößchen aufs bunte Tischtuch.

Einkaufen
Haupteinkaufsstraße ist die Fußgängerzone Rue des Clés.
Elsässisches Kunsthandwerk – **Arts et Collections d'Alsace** 1: 1, rue des Tanneurs, www.arts-collections-alsace.fr, Di–Fr 10–12, 14–19, Sa bis 18 Uhr. Von Elsässer Kunsthandwerkern hergestellte bemalte Möbel, Keramik, Tischdecken, Kissen, Glasmalerei u. v. m., mal traditionell, mal etwas moderner.
Markthalle – **Marché Couvert** 2: rue des Ecoles, Di–Do 7–17, Fr 7–19, Sa 7 bis 15 Uhr. Gemüse, Obst, Fleisch, Käse, Backwaren und Bio-Produkte werden in der restaurierten Markthalle vom Ende des 19. Jh. verkauft.

Ausgehen
Irish Pub – **Murphy´s** 1: 48 Grand´ Rue, tgl. 17–1.30 Uhr. Große Auswahl an Bieren, natürlich auch aus Irland.
Diskothek – **Toucan Club** 2: 2, rue des Trois Epis, Fr/Sa 22.30–4 Uhr. Abtanzen zu Party-Rhythmen aktueller Art oder im Retro-Stil für die etwas Älteren.

Sport und Aktivitäten
Kahnfahrt auf der Lauch – **Sweet Narcisse** 1: In flachen Booten mit maximal zehn Personen gleitet man durch Petite Venise (Abfahrt an der St-Pierre-Brücke, blrd. St-Pierre, www.sweetnarcisse.com, April–Sept. tgl. alle 15 Min. 10–12, 13.30–19 Uhr, Okt.–März Sa/So, Dauer ca. 30 Min., 6 €).

Infos und Termine
Office du Tourisme: 4, rue d'Unterlinden, Tel. 03 89 20 68 92, www.ot-colmar.fr, Nov.–März Mo–Sa 9–12, 14 bis 18, So 10–13, sonst Mo–Sa 9–18 (Juli/Aug. bis 19), So 10–13 Uhr.
Folklore: auf der Place de l'Ancienne Douane, Mitte Mai–Mitte Sept. Di 20.30 Uhr.

In der Umgebung

Neuf-Brisach ▶ D 9
Die geruhsame, in den Jahren 1699 bis 1709 aus rotem Sandstein erbaute achteckige Stadt ist das Paradebeispiel einer Vauban-Befestigung: Sternförmige Bastionen umschließen ein schachbrettartiges Straßennetz um die zentrale, riesige Place d'Armes. Ein Stadtmodell befindet sich im Musée Vauban an der Porte de Belfort (Mai bis Okt. Mi–Mo 10–12, 14 bis 17 Uhr, Eintritt 3,50 €), davor das riesige Kunstobjekt »Sternenweg« des zeitgenössischen Künstlers Helmut Lutz.

Eguisheim ▶ C 9

Bewacht von mittelalterlichen Türmen schließen sich die hübschen, kopfsteingepflasterten Gassen mit Renaissancebrunnen, bunten Fachwerkhäusern, Erkern, Holzgalerien und blumengeschmückten Innenhöfen beinahe konzentrisch um die Burg. In etwa einer halben Stunde umrundet man die Stadtbefestigungen, die größtenteils aus wehrhaften Hausmauern bestehen. In Eguisheim, einem der reizendsten und meistbesuchten Weinorte, kann man auch ausgezeichnet essen und übernachten.

Burg der Grafen von Eguisheim
Im Zentrum gelegen, ist die Anlage nur von außen zu besichtigen. Eine Ausnah-

me ist die Kapelle mit den Glasfenstern und historistischen Fresken, die wie die ganze Burg im 19. Jh. im neoromanischen Stil fast komplett neu gebaut wurde. Auf dem pittoresken Platz davor steht ein Renaissancebrunnen mit der Statue des 1002 auf der Burg geborenen Papstes Bruno von Eguisheim alias Leo IX.

Übernachten

Diskreter Luxus – **Hostellerie du Château:** 2, rue du Château, Tel. 03 89 23 72 00, DZ 80–125 €. Das historische Haus im Ortszentrum wurde in einem farbenfrohen Design mit einem Hauch Landhausstil renoviert.

Essen und Trinken

Bistro und Feinschmecker – **La Grangelière:** 59, rue du Rempart-Sud, Tel. 03 89 23 00 30, www.lagrangeliere.fr, Fr–Mi 9–21 Uhr, Nov.–April Do, So geschl., Menüs ab 23 €. In einem schlichten Landhausstil mit warmen Farben gibt es elsässische Küche mit mediterranen Akzenten, fantasiereich dekoriert, die eine einfache Bistro- und eine feinere gastronomische Speisekarte hat.

Einkaufen

Winzer seit 1580 – **Léon Beyer:** 8, pl. du château, www.leonbeyer.fr, März bis Dez. Do–Di 10–12, 14–18 Uhr. Rassige Rieslinge, Muscats und Pinot Blancs.

Sport und Aktivitäten

Radverleih – **Cycles et Sports 68:** 29, rue Maréchal Lefebvre, Tel. 03 89 78 50 80.

Infos und Termine

Office du Tourisme: 22 A, Grand' Rue, Tel. 03 89 23 40 33, www.ot-eguisheim.fr, Mo–Sa 9.30–12, 14 bis 18/Sa 17.30, Juli–Sept. auch So 10.30 bis 12.30 Uhr.

Der Eguisheimer Festkalender steht ganz im Zeichen des Weins. Woche der Eguisheimer Weine: dritte Juliwoche, mit kostenloser Probe von 11–19 Uhr und Weinfest am Fr. Fête des Vignerons: letztes Augustwochenende, Winzerfest. Fête du Vin Nouveau: erstes Oktoberwochenende Do–So, Weinlesefest.

In der Umgebung

Circuit des Cinq Châteaux ► C 9
Die Fünf-Burgen-Fahrt führt zu den quadratischen Donjons der ›**Drei Exen**‹ (Weckmund, Wahlenburg und Dagsburg) oberhalb des Orts und weiter zur mächtigen Habsburgerburg **Hohlandsburg** inmitten weiter Mauern auf rechteckigem Grundriss, 1279 gegründet und im 16. Jh. von Lazarus von Schwendi errichtet. Sie wurde teilweise wieder aufgebaut, es gibt eine Gaststätte, eine Boutique und einen mittelalterlichen Garten (www.chateau-hohlandsbourg.com, Ostern bis 11. Nov. Sa 14–18, So 11–18, Juli/Aug. tgl. 10–19 Uhr, Eintritt 4,20 €). Den Abschluss bildet die **Pflixburg** mit ihrem stolzen, runden Staufer-Donjon.

Rouffach ► C 10
Um den weitläufigen zentralen Platz der angenehmen kleinen Stadt, die Place de la République, sind alle städtischen Prachtbauten des ausgehenden Mittelalters und der Renaissance versammelt: das historische Rathaus, die Tour des Sorcières, die Kornhalle aus dem 16. Jh. und das ehemalige Haus der Dombauschule (ein ›hexisch‹ dekoriertes Restaurant, Caveau du Haxakessel, Tel. 03 89 49 76 76). Außerdem die besonders sehenswerte **Eglise Notre-Dame**, an deren hoher gotischer Westseite ein einzigartiger, burlesk-makabrer Figurenschmuck zu entdecken ist (tgl. 9–19 Uhr).

Vogesen

Oberhaslach ▶ C 5

Der kleine Ort liegt im Zentrum eines bewaldeten Eldorados für Wanderer, Fahrrad- und Motorradfahrer, das die Täler von Bruche, Hasel und Mager im Rücken der Weinstraße bildet. Auf markierten Wegen kann man zu Burgruine und den Wasserfällen von **Nideck** (▶ C 5), zur mächtigen **Wangenbourg** (▶ C 4) und zum **Château Guirbaden** (▶D 5) wandern: Die größte Festungsanlage des Elsass erreicht man vom Hotel Fischhutte auf dem mit einem roten Rechteck gekennzeichneten Weg in 50 Minuten.

Im benachbarten Niederhaslach lohnt die gotische Stiftskirche Collégiale St-Florent einen Besuch wegen ihrer farbenprächtigen Glasfenster aus dem 14. und 15. Jh. (tgl. 8–19 Uhr).

Übernachten

B&B im Künstlerhaus – **Relais des Marches de l'Est:** 24, rue de Molsheim, Oberhaslach, Tel. 03 88 50 99 60, www.relaisdesmarches.com, DZ 65–75 €. Die beiden Bildhauer Bénédicte Weber und Sylvain Chartier haben den steinernen historischen Vogesenhof von 1838 mit viel Geschmack restauriert und mit ihren Skulpturen geschmückt. Sie bieten Bildhauerkurse und kommentierte Besuche von drei mit zeitgenössischen Skulpturen versehenen Wegen in der Nähe an.

Sport und Aktivitäten

Klettern in den Bäumen – **Arbr´Ascension:** 17, rue du Nideck, Oberhas-lach, Tel. 06 72 62 88 79, www.arbre ascension.fr, April–Okt. Sa, Mi 13–18, So 10–18, Ferien und Juli/Aug. tgl. 10–18 Uhr, Eintritt 15 €. Verschiedene Parcours für Drei- bis Vierjährige »Pitchounes« bis zu erfahrenen Abenteurern.

Ausflüge

Donon ▶ B 5

Vom Col du Donon führt der Wanderweg mit dem roten Rechteck in etwa 1 Stunde auf den sagenumwobenen höchsten Berg der Nordvogesen (1009 m) mit klassischem Weitblick, wo einst ein bedeutendes gallorömisches Merkur-Heiligtum lag. Auf der Sandsteinplattform des Gipfels liegen Mauerreste der religiösen Gebäude und ein 1869 rekonstruierter Tempel. Die Originale der Götterstelen befinden sich im Archäologischen Museum in Straßburg (s. S. 38).

Struthof ▶ C 6

Das Konzentrationslager Struthof-Natzwiller in den Vogesen war das einzige nationalsozialistische Vernichtungslager in Westeuropa. Der Ort ist zu einer umfassenden Gedenkstätte gestaltet worden. Das 2005 eingeweihte Centre européen du résistant déporté in einem strengen Bau des Architekten Pierre-Louis Faloci widmet sich der europäischen Dimension von Widerstand und Deportation und bietet eine Einführung zum Besuch des eigentlichen Museums.

Sieht mittlerweile ziemlich alt aus – der rekonstruierte Tempel auf dem Donon

Dies umfasst nochmals eine einführende Ausstellung zur Geschichte des Konzentrationslagers sowie dessen bauliche Überreste: Die von Stacheldraht und Wachttürmen eingezäunten Baracken, das Krematorium, der Tisch, an dem Ärzte ihre unmenschlichen Experimente ausführten, sowie die Gaskammer erinnern an die Opfer des Rassenwahns. Dossiers und kommentierte Führungen helfen Eltern, die mit ihren Kindern die Stätte besuchen, bei der pädagogischen Bewältigung des Grauens (www.struthof.fr, tgl. März–15. April, 16. Okt.–24. Dez. 9–17, 16. April–15. Okt. 9–18.30 Uhr, Eintritt 6 €).

Auf dem **Champ du Feu** gibt es für Liebhaber zeitgenössischer Kunst auf der ›Route d'Art comtemporain‹ rätselhafte Kunstobjekte zu entdecken (**direkt 10**▶ S. 88).

Route des Crêtes ▶ B 8–11

Die etwa 70 km lange Vogesenkammstraße zwischen Ste-Marie-aux-Mines (▶B/C 7) und Cernay (▶B 11), eine der berühmtesten Panoramastraßen Europas, bietet Aussichten, Naturerlebnisse, vielfältige Sportmöglichkeiten sowie deftige Tafelfreuden in Fermes-Auberges auf einer Höhe zwischen 950 und 1250 m. Ihre Entstehung verdankt sie dem Krieg, denn sie wurde im Ersten Weltkrieg zur Verbindung der französischen Linien vom Brézouard zum Hartmannswillerkopf gebaut. Damit die Truppen vor deutschem Beschuss geschützt waren, wurde sie etwas westlich unterhalb des Gipfelkamms errichtet, auf dem damals die deutsch-französische Grenze verlief.

An Sommerwochenenden fährt man oft in einer schier endlosen Schlange aus Autos, Rädern, Motorrädern und Campern. Wer jedoch früh aufsteht, kann die atemberaubende Schönheit der Hautes-Chaumes, der Hochweiden, relativ allein erleben. Im Mai legt sich ein bunter Teppich aus gelben und blauen Stiefmütterchen und weißen Anemonen über die Bergwiesen. Im Sommer blühen der kleinwüchsige Beharrte Ginster und der Gelbe Enzian, in geschüt- ▷ S. 90

Karte: ▶ C 6 | **Anfahrt:** mit dem Auto

Daniel Pontoreaus rätselhafte Stelen und Blöcke liegen auf dem Vogesengipfel Champ du Feu, als hätte ein Besucher aus dem Weltall sie dort abgeworfen. Diese und andere ›zeitgenössische Landkunst‹ der Route d'art contemporain wirken besonders stark zusammen mit der sie umgebenden Natur.

Im ganzen Elsass hat die CEAAC, das Centre Européen d'Actions Artistiques Contemporaines in Straßburg, Installationen zeitgenössischer Künstler zu einer – allerdings vor Ort nicht ausgeschilderten – ›Straße der zeitgenössischen Kunst‹ verbunden. Diese Tour führt Urlauber mit Entdeckermentalität in die touristisch nahezu unberührten Nordvogesen.

Aussichtspunkt

Le Hohwald 1 ist ein ruhiger, 600 bis 1000 m hoch gelegener Ferienort, der bereits große Tage gesehen hat: In seiner Glanzzeit zwischen den Weltkriegen suchten hier Sarah Bernard und Konrad Adenauer Erholung. Unübersehbar ragt auf einem grünen Hügel Gérard Starcks »Belvédère« (1997) auf, ein scheinbar luftig-schwereloses, etwa 9 m im Quadrat messendes Aediculum aus weißen Betonpfosten. Erinnert es den Betrachter an ein ideales römisches Tempelchen, wie es in den Landschaftsgärten des 19. Jh. anzutreffen ist, an eine mittelalterliche Kapelle auf zentralem Grundriss, den Rohbau eines Fachwerkhauses oder gar ein Klettergerüst für Kinder? Die an sich zwecklose Konstruktion, weder Andenken noch Symbol, gibt Rätsel auf.

Wie für die Ewigkeit

Das **Champ du Feu** 2 ist ein 1099 m hoher Pass. Auf der kahlen, weitläufigen Hochebene mit alpiner Vegetation, mit Heide, Moor und Kiefern, die dem Wind trotzen, versteht man intuitiv warum Daniel Pontoreau diesen Ort für seine enigmatische Installation »Champ du Feu« (1992) gewählt hat. Es handelt sich um drei Eisenskulpturen, eine unregelmäßige Kugel und zwei hohe Stelen, die steinzeitlichen ›Megalithen‹ ähneln (nur dass sie eben nicht aus Stein sind), sowie 500 Platten aus weißem Rajasthan-Marmor. Eisen und Stein, zwei symbolische Materialien, die an Himmelsmeteoriten und Erdgebein denken lassen. Nach welchem Prinzip sind sie verteilt worden, fragt man sich unwillkürlich und versucht Regeln und Verbindungen zu entdecken.

Pontoreaus gesamte Arbeit, die Kunsttheoretiker zwischen Land Art und Arte Povera ansiedeln, zeigt seine Faszination für die beiden Materialien Stein und Eisen sowie für geometrische Urformen und ihre Wirkung. Ihm geht es darum, die Dauer, das scheinbar schon immer Dagewesene von Kunst zu betonen. Tatsächlich könnte diese Stätte ein jahrtausendealter Kultplatz sein, ein heiliger Bezirk, den ein unbekanntes Volk markiert hat.

Glaskunst im Bergdorf

Kurz vor der lothringischen Grenze, idyllisch und unberührt inmitten von Wald und Weiden, liegt **Champenay** 3 . Der Gasthof hat schon lange seine Türen geschlossen. Stattliche, langgestreckte Höfe mit runden Toren liegen an der Hauptstraße. An die ehemalige Schule ist eine kleine Kapelle angebaut, mit schindelgedecktem Dach und einem Türmchen. Den Schlüssel bekommt man in dem geraniengeschmückten Hof links auf derselben Straßenseite.

Für die schlichte Kapelle unter einer offenen Holzbalkendecke haben die Künstler Lothar Quinte und Sibylle Wagner drei Fenster geschaffen, die symbolisch auf die Dreifaltigkeit hinweisen. Ihre Leuchtkraft in den Primärfarben Rot, Blau und Gelb ist frappierend und verleiht dem Raum eine einzigartige meditative Kraft.

Website

www.ceaac.org, unter »Espace Public«.

Übernachten

Ferme-Auberge du Wittertalhof
1 : Die meisten der Zimmerchen mit knarzenden Dielenböden und einer Einrichtung, als habe Oma Bäuerin sie persönlich ausgesucht, haben eine Dusche, das WC ist stets à l'étage. Aus vorwiegend eigener Produktion stammen die Zutaten der Hausmacherküche wie der Ziegenfrischkäse auf Salat oder die Schweinshaxe. Auf der Terrasse kann man mit weitem Blick über die Talweiden frühstücken, direkt darunter blökt die hauseigene Ziegenherde – ländliche Idylle mit lohnenden Wanderwegen (15, rue du Wittertalhof, Weiler Wittertalhof bei Le Hohwald, Tel. 03 88 08 31 24, DZ 35, Frühstück pro Person 6 €, Menüs 10, 15 €, Sa 18–22, So 12–4, 18–22 Uhr nach Vorbestellung).

Abenteuerpark

Parc Alsace Aventure, Col du Kreuzweg, 7 km südl. von Le Hohwald, www.alsace-aventure.com, Tel. 03 88 08 32 08, April–Okt., 3–31 €. Kletter- und Spielspaß für die ganze Familie im Vogesenwald.

ten Lagen orangefarbene Türkenbundli-
lien. Ab August sieht man Hunderte Bee-
rensammler, die den kleinen, intensiv
schmeckenden Heidelbeeren zu Leibe
rücken. Rosafarbene Besenheide, ver-
dorrte Gräser und die sich färbenden
Blätter der Heidelbeere verleihen den
herbstlichen Hochweiden einen rostro-
ten Hauch. Im Winter wird der Schnee
nicht geräumt, das Befahren geschieht
dann auf eigene Gefahr. Teilweise wird
die Strecke auch gesperrt. Auf www.le
markstein.net findet man Wetter- und
Straßenzustandsberichte.

Besucherbergwerk – **Tellure:** Vom
Zentrum von Ste-Marie-aux-Mines 5
Minuten Richtung Col des Bagenelles,
www.tellure.fr, April–Anfang Nov. Di
bis So 10–18, Juli/Aug. tgl. 10–19 Uhr,
Eintritt 12 €. Modernes Besucherzen-
trum mit interaktiven Medien zur jahr-
hundertelangen Geschichte des Erzberg-
baus im Tal von Ste-Marie-aux-Mines
und geführter Besuch in die Mine »Tellure« St-Jean Engelsbourg.

Die Straße führt zunächst durch den
Tannenwald, dann öffnen sich immer
häufiger Lichtungen aus krautigen Wiesen. Auf ihnen wandern und weite Aus-
blicke genießen kann man z. B. von den
Hochmooren des **Gazon du Faing** *gazon* bedeutet Rasenfläche) und des **Gazon Martin** sowie des von Granitblö-
cken übersäten Roche des Fées.

Sport zu jeder Jahreszeit – **Lac Blanc:**
siehe `direkt 12` ▶ S. 91

Der **Col de la Schlucht** (▶ B 9) ist ein
wichtiger Knotenpunkt der Vogesen-
kammstraße mit der Ost-West-
Verbindung der D 417 ins lothringische
Gérardmer bzw. nach Munster/Colmar.
Auf 1139 m Höhe herrscht gehöriger
Rummel um Restaurants, Souvenirlä-

den, Skistation und Sommerrodelbahn.
Dem entgeht man auf dem Sentier des
Roches, einem vom Pass ausgeschilderten Klettersteig mit Drahtseilen, Eisen-
geländern, Leitern und Stegen versehen
und bis zum Krappfelsen etwa 3 km
bzw. gute 90 Minuten lang.

Den zauberhaften **Jardin d´Altitu-
de du Haut-Chitelet** (▶ A 9) sollte
man keinesfalls verpassen. In verschiedenen Felsgärten lernt man die Vielfalt
und Anpassungsfähigkeit der alpinen
Flora vom Himalaya bis zu den Pyrenä-
en kennen. Der Schwerpunkt liegt auf
den Vogesen. In dem Hochmoor, das
von der auf dem Gelände des botanischen Gartens entspringenden Vologne
gespeist wird, wachsen Heide, Birken,
Farne und Heidelbeeren (tgl. Juni, Sept.
10 bis 12, 14–18/Sept. 17.30, Juli/Aug.
10 bis 18 Uhr, Eintritt 2,30 €).

Der **Hohneck** (▶ B 9) ist mit 1363 m
der dritthöchste Gipfel der Vogesen und
vielleicht ihr schönster. Sanfte Wiesen-
hänge und steile Felswände mit nahezu
hochalpiner Flora – im Jardin d´Altitude
ist ihm ein eigener Steingarten gewidmet – umgeben den kahlen, gerundeten
Belchen. Man kann zum Gipfelrestaurant
hochfahren, aber wer will das schon,
wenn zahlreiche Wanderpfade dazu verlocken, diesen magischen Ort zu Fuß zu
erkunden? Auf den nahen Bergkämmen
sieht man die Silhouetten der Wanderer,
aus dem Tal klingen Kuhglocken und ver-
einzelt eine Kettensäge herauf.

Der Berggasthof – **Ferme-Auberge
Firstmiss:** ca. 10 km südlich vom Col
de la Schlucht, oberhalb der Straße, Tel.
03 29 63 26 13, Mitte Mai bis Mitte
Okt. Di–So 11.30–21 Uhr, Menüs ab 12
€. Ein Bilderbuch-Berggasthof mit Holzvertäfelung und rot karierten Vorhän-
gen. Mit ein bisschen Glück kann man
im Krüppelbuchenwald kurz oberhalb
der Almhütte den scheu-   ▷ S. 93

11 | Sommersport, Wintersport – am Lac Blanc

Karte: ▶ B 8 | **Anfahrt:** mit dem Auto

Die Vogesenseen Lac Vert, Lac des Truites, Lac Noir und Lac Blanc liegen auf der Ostseite der Route des Crêtes ein wenig unterhalb des Bergkamms. Der Lac Blanc, mit 72 m der tiefste der vier Gletscherseen, ist ein Zentrum für alle möglichen Sportarten vom Hochseilgartenklettern bis zum Abfahrtsskifahren.

Seinen Namen verdankt der auf zwei Seiten von hohen Steilfelsen eingerahmte See dem quarzhaltigen Fels, der ihn – hier und da – weiß schimmern lässt. Für Wanderer führen mehrere markierte Wege vom Parkplatz am Ufer in die Natur, z. B. der mit einem gelben Rechteck versehene Sentier Cornelius zum Lac Noir.

In den Bäumen klettern
Im Kletterpark des **Parc d´Aventures** 🟧1 kann sich jeder halbwegs Trainierte zwischen den Bäumen tummeln und wahlweise als Affe oder Waldelf fühlen. Acht im Schwierigkeitsgrad und in der Höhe gestaffelte Parcours vom ›Kleinen Bären‹ *(Ourson)* für die Vier- bis Siebenjährigen unter elterlicher Aufsicht über den ›Fuchs‹ *(Renard)* für über 12-Jährigen bis zum ›Kaiserparcours‹ für Luchse *(Lynx)* in über 10 m Höhe machen es möglich. Am Anfang steht eine Sicherheitseinweisung, während der man ein Klettergeschirr und einen Helm erhält. Wichtigste Sicherheitsvorkehrung: Immer beide Karabiner des Klettergeschirrs an die Sicherungsdrähte auf dem Parcours einhaken – und wenn man sich bewegt, nur einen lösen. Dann kann der Parcours beginnen, man hangelt sich über kippelnde Balken, an Netzen hoch, über Drahtseile, durch Tonnen oder surrt, im Klettergeschirr sitzend, an einem Drahtseil entlang.

Mit nackten Füßen
An der Kletterpark-Service-Bude begibt man sich, wozu weder Kondition noch

Ausrüstung erforderlich sind, auf eine etwa 45- bis 60-minütige Entdeckung für alle Sinne. Nicht nur, dass der unbeschuhte Fuß Kiesel, Sand, Steine, Rindenmulch, Waldboden und sämigschwarzen Matsch kaum gewohnt sein dürfte, mit Hilfe von an der Kasse ausgeteilten Bonbons testet man auch seine Geschmackssicherheit im wörtlichen Sinn, und auch über Tierspuren im Wald gibt es viel zu lernen. Das Waschbecken am Ende des Barfuß-Spaziergangs ist nötig, vor allem wenn man tatsächlich durch die Matschsuhle gestapft ist. Der Wildschweingeruch begleitet einen noch eine Weile danach.

Und wenn denn mal Schnee liegt

… ist die Station des **Col du Calvaire**  mit Schneekindergarten, Skischule und Rodelhängen ein besonders familienfreundlicher Wintersportort. Darüber hinaus gibt es Schneeschuhverleih und geführte Wanderungen mit Schneeschuhen *(raquettes)*, Winterwanderwege, 78 km Loipen und, wenn's mal nicht schneit, 120 Schneekanonen. Für Abfahrtsläufer sind 14 km Pisten von grün bis schwarz über neun Lifte erschlossen, es gibt nächtliche Abfahrten *(ski nocturne)* und einen Snowpark mit Boardercross und Slopestyle.

Hochseilgarten

Lac Blanc Parc d'Aventures : ca. 200 m unterhalb der Skistation, dann zu Fuß 100 m bergab von der **Auberge-Réfuge le Blancrupt** : Tel. 03 89 71 28 72, www.lac-blanc-parc-aventure.com, Mai Mi/Juni, Sept. Mi, Sa 13–16, Juli/Aug. tgl. 10–17 Uhr, 16 €; es ist unerlässlich, vorher zu reservieren. **Sentier pieds nus** : s. o., www.sentier-pieds-nus-lac-blanc.com, Mai bis 2. Juli, 3.–30 Sept. Mi, Sa 13–16.30 (jeweils letzter Verkauf), So 10–16.30, 3. Juli–2.Sept. tgl. 10–17 Uhr, 5 €, keine Reservierung nötig.

Wintersport

Station am Col du Calvaire : www.lac-blanc.com, Abfahrt: tgl. 9–16.45, Nachtski Di/Mi, Fr/Sa 17–21 Uhr, Tagesskipass ab 15, mit Ausrüstungsverleih ab 37,50 €. Langlauf: Tagesticket 6 €. Schneeschuhverleih pro Tag 24 € (www.esf-lacblanc.com).

Klettern

Am Südufer des Lac Blanc liegt ein Granit-Kletterfelsen mit Touren der Kategorie 3 a bis 7 c und Höhen zwischen 6 und 100 m.

Motocross

Bike Park: www.lacblanc-bikepark.com, mit fünf Abfahrtspisten für Familien bis Profis, Lift, Rad- und Ausrüstungsverleih (60 € pro Tag); unregelmäßige Öffnungszeiten Mai–Sept.

Übernachten und Essen

Le Domaine de Pairis : Hotel-Restaurant mit kleinen, zeitgenössisch eingerichteten Zimmern (233, lieu-dit Pairis, Orbey, Tel. 03 89 71 20 15, www.pairis.fr, DZ 69–99 €, Restaurant Mi–So 19.30–21 Uhr, Hauptgericht ca. 14 €).

Schneeschuhwandern an der Route des Crêtes

en, in den 1950er-Jahren hier einge-
bürgerten Gämsen beim abendlichen
Äsen zusehen.

Minentour mit Kindern – **Mines
d'Argent St-Louis-Eisenthür:** ASE-
PAM, 4, rue Weisgerber, Ste-Marie-aux-
Mines, Tel. 03 89 58 62 11, www.
asepam.org, ganzjährig nach Voranmeldung, Eintritt 12 €. Einen halben
Tag dauert die abenteuerliche aber
durchaus kindgerechte Führung durch
die enge, feuchte Silbermine St-Louis-
Eisenthür aus dem 16. Jh. Helme mit
Grubenlampen und Gummiausrüstun-
gen werden gestellt.

Radverleih – **Restaurant Creperie
Speck:** Tel 03 89 38 25 92, Bitschwiller
les Thann, www.speck-sports.com, Ju-
li/Aug. tgl. 9–21 Uhr. Pro Tag ab 15 €,
vorbestellen.

Vorbei an einem der Höhepunkte
der Route des Crêtes, dem **Grand Ballon** ▶ direkt 12▶ S. 94), geht es unterhalb der Baumgrenze kontinuierlich bergab, sodass man nun wieder hauptsächlich
durch Tannenwald fährt.

Der Col du Silberloch am **Hartmannswillerkopf** (▶ B 11) oder Vieil Armand
liegt nur noch 906 m hoch. Eine kurze
Wanderung führt über den französischen
Soldatenfriedhof auf den mit einem hell-
gelben Gipfelkreuz markierten Hügel. Die
ungesund wirkende Krüppelvegetation
lässt ahnen, wie viel giftige Reste des
Grabenkrieges hier noch im Boden modern: Granaten, Senfgas, Patronen. Unter
dem martialischen Monument National
liegen die Gebeine von 12 000 Soldaten,
preußische Gebirgsjäger wie französische
rote Teufel, die sich hier aus nächster
Nähe tot geschossen haben. Die sterbli-
chen Überreste weiterer Zehntausender
Gefallener werden noch auf dem Gelände vermutet (Monument National du
Hartmannswillerkopf, Ostern–11. Nov. tgl.
9–12, 14 bis 18 Uhr, Eintritt 2 €, Gelände
jederzeit frei zugänglich).   ▷ S. 98

93

12 | Im Reich der Fermes-Auberges – am Grand Ballon

Karte: ▶ B 10 | **Rundwanderung:** Dauer ca. 2 Stunden

Lust auf frische Luft in 1200 m Höhe, eine alpine Pflanzenwelt, Wald und Hochweiden und ein wenig Schwitzen? Zur Stärkung servieren die Bergbauernhöfe deftige Mahlzeiten. Zum Beispiel einen Munster fermier aus der Milch der, wie man annehmen darf, glücklichen Kühe hier oben.

Um den Grand Ballon, mit 1424 m der höchste Punkt der Vogesen, erstreckt sich der Parc Régional des Ballons des Vosges. Die kahlen, gerundeten Kuppen der ›Belchen‹, so die Übersetzung von *Ballon*, sind der spektakulärste Teil der Vogesen. Und die Heimat der Fermes-Auberges, jener lokaltypischen Bergbauernhöfe, die bäuerliche Tätigkeit und Bewirtung miteinander verbinden. Die Association des Fermes-Auberges du Haut-Rhin, der Dachverband vieler, aber bei weitem nicht aller Bergbauernhöfe, steht für gewisse Standards:

So muss ein Großteil der angebotenen Speisen aus eigener Produktion stammen und der Bauernwirt sollte seinen Gästen Lebensweise und Naturschutz der Almwirtschaft nahebringen.

Ganzjährig geöffnet

Mit 1233 m ist die **Ferme-Auberge du Haag** ❶ der höchstgelegene Bergbauerngasthof der Vogesen. Man sieht dem kompakten Steingebäude mit Aluminiumdach und einem Restaurantanbau nach hinten an, dass es auch den winterlichen Wetterverhältnissen trotzen kann. Neben Räucherfleisch von den eigenen Rindern und Schweinen werden z. B. eine Munster-Porree-Tarte oder ein Quark mit Kirschen angeboten. Suppen, welch weise Entscheidung, gibt es nur im Winter!

Die Hoffners bewirtschaften ihre 17 ha Almweiden auf biologische Art. Sie halten eine Herde jener schwarzweiß gefleckten Vogesenkühe, deren alte, aus dem 17. Jh. stammende Rasse um 1970 vom Aussterben bedroht war. Dann sorgten Enthusiasten um Jean Wehrey dafür, dass die robusten, als gute Milchgeberinnen bekannten Tiere überlebten – heute sind sie ein gewohnter Anblick auf den Hochalmen.

Die Hoffners stellen ihre Käsespezialitäten wie den Frischkäse Bibelaskass, dicke Laibe Bergkäse und den berühmten Munster her. Für einen Munster selbst wird der geronnene Anteil von etwa 9 l Milch in Formen gefüllt und tropft sorgsam ab. Dieser Jungkäse (*pâte*) wird 3 Tage lang gesalzen, was später zum unverwechselbaren, kräftigen Geschmack führt. Der echte, seit 1969 mit einem AOC-Gütesiegel versehene Munster reift bis zu 21 Tagen im feuchten und temperierten Keller und wird währenddessen alle 2 Tage umgedreht und gewaschen. Dabei nimmt die zunächst weiße, glatte Rinde einen Gelb- und am Ende einen Orangeton an, das Käseinnere wird immer schmelziger – und der Geruch stärker.

Auf in die Natur

Vom Col du Haag vor der Ferme-Auberge gehen mehrere Wanderwege ab. Folgt man der mit »Ferme-Auberge Roedelen« ausgeschilderten Schotterpiste durch den flechten- und moosbewachsenen Laubwald, erreicht man nach 25 Minuten den Col du Roedelen und dem Weg links hinter dem Pass folgend nach weiteren 10 Minuten die weite, offene Grasfläche um den Almhof – es sind die Rinder, die eine Verbuschung dieses Biotops verhindern und so als Landschaftsschützer wirken. Im Juni/Juli blüht hier der seltene Gelbe Enzian. Von den hellgrau verwitterten Bänken vor dem Hof schweift der Blick über grüne Hügel und die elsässische Tiefebene bis zu den verschwommenen Silhouetten des Schwarzwaldes, der seinem Namen alle Ehre macht.

Ferme-Auberge ist nicht gleich Ferme-Auberge. Das **Ferme-Restaurant Roedelen** 2 , betrieben von einem alten Bergbauernpaar, gehört nicht mehr zur offiziellen Organisation. Moosbewachsene Dachschindeln, abgeblätterte Fensterrahmen, eine bröckelnde Betontreppe, verrostende Landmaschinen neben einem klapprigen Renault-Kastenwagen sprechen vom harten Leben auf der Alm vor aller touristischen Aufwertung. In der kargen Gaststube steht ein alter Kachelofen und an den Wänden hängen uralte Fotos der seltenen Blumen, die hier oben gedeihen: Arnika, Lilie, Gelber Enzian. Auf abgestoßenen Tellern wird eine Melkermahlzeit (*repas marcaire*) serviert, das ›klassische‹ Menü aus Gemüsesuppe, Fleischpastete, Räucherfleisch und Bratkartoffeln (*Roigabrageldis*) mit grünem Salat und zum Abschluss ein Munster oder eine Blaubeertorte. Oder was sonst so vorrätig ist.

Ein breites Angebot

Auf dem rot-weiß-rot markierten Wanderweg gelangt man in ca. 20 Minuten zur **Ferme-Auberge Gustiberg** 3 , zunächst auf steilem Schotterpfad bergab durch den Wald, bis man auf die offene Fläche um den nächsten Almhof trifft. Das adrette rosafarbene Gebäude und die Sonnenschirme auf der Terrasse zeigen, dass man sich hier recht professionell auf Gäste eingerichtet hat. Die umfangreiche Karte listet Omelettes, einen Salat- oder Schinkenteller, Fleischpasteten, geräucherte Würste, Presskopf-Sülze, Obsttorten, Fis und natürlich die obligatorische Melkermahlzeit auf. Nur die eigene Käseherstellung hat man aufgegeben, erläutert Madame Schubnel, die Bäuerin – sie war leider nicht rentabel.

Zum grünen See

Auf dem Weg mit dem blauen Kreuz wandert man links an der Ferme-Auberge vorbei in den Wald. Rechts unterhalb des breiten, mäßig bergab führenden Wegs rauscht der Abfluss des Stausees, ab August kann man sich von Himbeersträucher einen zweiten Nachtisch pflücken. Nach 20 Minuten erreicht man den **Lac du Ballon** , dessen smaragdgrüne Wasserfläche einen aparten Kontrast zum Tannengrün der Berge ringsum bildet. Baden und Bootsfahren sind verboten, woran sich manch einer nicht hält.

Nun folgt man wieder dem rot-weißroten Wanderweg, der nach ca. 7 Minuten entlang des rechten Seeufers, kurz vor dem Ende des Sees, nach rechts vom breiten Uferweg in den Wald abzweigt.

In Kehren steigt der gut durchwurzelte, teils steinige Pfad stetig bergan. Das ist schweißtreibend, aber machbar. Nach ca. 35 Minuten trifft der Pfad auf einen breiteren, mit einem gelben Rechteck markierten Weg, der nach weiteren 5 Minuten zum Ausgangspunkt, dem Col du Haag, führt. Auf der Wiese davor blüht die ganze Pracht der Hochvogesen: Johanniskraut, Bergstiefmütterchen, Fenchel, Glockenblumen, Margeriten, Schafgarbe.

Der Große Belchen

Vom Col du Haag kann man auch in etwa 1 Stunde auf dem rot-weiß-rot markierten Weg zur kahlen Kuppe des

Leider verboten: Baden am Lac du Ballon

Grand Ballon 2 wandern. Mit 1424 m der höchste Vogesengipfel, leidet der ›Große Belchen‹ wie viele Berge in der Gegend unter Erosionsproblemen wegen der vielen Besucher. Spätestens auf dem Parkplatz, von dem auch Autofahrer und die Insassen der zahllosen Reisebusse in einer Viertelstunde auf den Gipfel gelangen können, ist es mit der Wanderereinsamkeit vorbei.

Vorbei am Denkmal von 1927 für gefallene französische Soldaten, an der bei Umweltschützern umstrittenen, nagelneuen Radarstation zur Flugbeobachtung und der Wetterstation gelangt man auf den Gipfel. Weit reicht der Blick über die Tiefebene bis zu den Alpen – bei klarer Sicht, doch kann hier oben noch im Mai dichte, eiskalte Nebelbrühe wabern.

Wanderinfos
Rundwanderung: gute 2 Stunden reine Gehzeit, letzter Abschnitt recht steil, festes Schuhwerk ist erforderlich.
Ferme-Auberge du Haag 1 : direkt an der Route des Crêtes, Tel. 03 89 48 95 85, Mitte Dez.–Mitte Nov. Do–Di 12–21 Uhr, 4-Gänge-Mahlzeit 16 €.
Ferme-Restaurant Roedelen 2 : Tel. 03 89 76 90 19, wechselnde Speiseangebote und Getränke.
Ferme-Auberge Gustiberg 3 : Tel. 03 89 74 05 01, ganzjährig 12–21 Uhr, im Winter auf Vorbestellung.

Wandererherberge
Chalet-Hôtel du Grand Ballon 1 : Die einfachen kleinen Zimmer in der zünftigen, holzgetäfelten Wandererherberge haben nur teilweise Dusche und WC (unterhalb des Gipfels an der Straße, Tel. 03 89 48 77 99, www.chalethotel-grandballon.com, DZ 43–56 €).

Regionalpark
Parc Naturel Régional des Ballons des Vosges: Das »Maison du Parc« in Munster führt mit einer interaktiven Ausstellung in die Naturräume, Geologie und Wirtschaft des Regionalparks ein (1, cours de l'Abbaye, Munster, Juni bis Sept. Di–So 10–12, 14–18, Okt. bis Mai Mo–Fr 14–18 Uhr, www.parc-ballons-vosges.fr).

Wandererbus
Navette des Crêtes: 6. Juni–26. Sept. So, alle 15–30 Min., www.navettedescretes.com, hält an verschiedenen Stationen der Route des Crêtes vom Grand Ballon bis zum Col des Bagenelles.

Infos und Termine
Office de Tourisme de Cernay et de la Région du Vieil Armand: 1, rue Latouche, Cernay, Tel. 03 89 75 50 35, www.cernay.net, Mo–Sa 9–12, 14–18/Sa 17 Uhr.

Guebwiller ▶ C 10

Die geschäftige, nicht umwerfend reizvolle Stadt von 11 000 Einwohnern zieht sich zu beiden Seiten der langen Rue de la République hin. Am Beginn des Tales Florival gelegen, ist sie ein Tor zu den Südvogesen und Mitglied der Weinstraße.

Eglise St-Léger
Pl. St-Léger/rue de la République, tgl. 9–18 Uhr.
Die Kirche des hl. Leodegar ist das Paradestück der elsässischen Spätromanik mit reich vergliederter Fassade und drei prachtvollen Türmen.

Les Dominicains de Haute-Alsace
34, rue des Dominicains, Tel. 03 89 62 21 82, www.les-dominicains.com, Di–Fr 9–12, 14–18, Mai–Sept. auch Sa/So 14–18 Uhr, Eintritt 4 €.
Das spätgotische ehemalige Dominikanerkloster ist heute das Musikzentrum des Oberelsass, in dem stimmungsvolle Jazz- und Klassik-Konzerte zur Aufführung kommen. Zu besichtigen sind der Kreuzgang und die hohe, schlichte, für die Bettelorden typische Kirche aus dem 15. Jh.

Infos und Termine
Office du Tourisme de Guebwiller et des Pays du Florival: 73, rue de la République, Tel. 03 89 76 10 63, tourisme-guebwiller.fr, Mo–Fr 9–18, Sa 10–17, in der Saison länger und auch So 10–12, 15–17 Uhr.

Lautenbach ▶ B 10
Jean Egens heiter-melancholische Autobiografie »Die Linden von Lautenbach«, eine Hymne auf das alte Elsass um die Wende zum 20. Jh., spielt hier, nordwestlich von Guebwiller. Die romanische Kirche (tgl. 8–12, 14 bis 20 Uhr) ist für ihre Vorhalle und den teils skurrilen Figurenschmuck berühmt.

Murbach ▶ B 10

Nur die edlen, hoch aufragenden Ostpartien der einst mächtigen Abtei von Murbach stehen noch in dem stillen Vogesental des kleinen Murbachs – ein Kleinod der elsässischen Romanik mit fein gemeißeltem Baudekor (tgl. 8–19 Uhr). Von hier führen zahlreiche Wanderwege hinauf auf den Grand Ballon.

Übernachten
Mit Spa im Grünen – **Hostellerie St-Barnabé:** Pont St-Barnabé (B 10), zwischen Buhl und Murbach, Tel. 03 89 62 14 14, www.hostellerie-st-barnabe.com, DZ 76–183 €. Die Zimmer sind teils recht altmodisch, teils charmant modern. Eine Oase der Ruhe am Murbach-Ufer.

Thann ▶ B 11

Die südlichste Stadt sowohl der elsässischen Vogesen als auch der Weinstraße, geschäftig und keineswegs ohne Charme, hat knapp 8000 Einwohner. Sie bewacht seit alters her den Eingang zum Tal der Thur, einem der Hauptstandorte der einst florierenden Textilindustrie. Besonders stolz sind die Bewohner auf ihre schmucke Stiftskirche.

Collégiale St-Thiébaut
Pl. Joffre, tgl. Winter 8–12, 14–18, Sommer 8–19 Uhr.

Die filigrane Wallfahrtskirche aus dem 13. bis 16 Jh. ist ein Juwel der Spätgotik mit drei figurenreichen Portalen und einem kunstvoll geschnitzten Chorgestühl von etwa 1450. Den 76 m hohen, verästelten Turm vollendete Baumeister Remigius Faesch 1516.

Tour des Sorcières

Pl. Modeste Zussy, Juni–Sept. Mi–Mo 10–12, 14.30–18.30 Uhr.
In dem dicken, runden Hexenturm am Thur-Ufer mit seinem barocken Dach ist ein kleines Weinmuseum untergebracht.

Übernachten

Ideal zum Madame-Pompadour-Spielen – **Le Parc:** 23, rue Kléber, Tel. 03 89 37 37 47, www.alsacehotel.com, DZ 79–159 €. Man wähnt sich in einem Louis-Quinze-Schlösschen, doch es ist alles ›nur‹ Neobarock: Stofftapeten, Himmelbetten, bemalte Puttendecken, Fauteuils und Kronleuchter.

Essen und Trinken

Allein auf der Alm – **Auberge du Mehrbächel:** route de Geishouse, St-Amarin (▶ B 10), Tel. 03 89 82 60 68, www.auberge-mehrbachel.com, Restaurant Mo, Do 12–14, Sa/So, Di/Mi 12–14, 18–21 Uhr, DZ 58–85, Halbpension 56–61 €. Die gemütliche Almabgeschiedenheit lohnt die komplizierte Anfahrt. Einfache Zimmer, schmackhafte Gebirgsküche.

Sport und Aktivitäten

Wandern: Westlich von Thann liegt ein beliebtes, recht einsames Wandergebiet der Südvogesen rund um den Ballon d'Alsace (▶ A 11). Ziele sind u. a. der Rossberg (1191 m) auf der Grenze zu Lothringen, der auch mit dem Auto erreichbare Ballon d'Alsace (1247 m), Sewen und der natürliche Bergsee Lac de Sewen.

Chemin de Fer touristique de la Vallée de Doller: Die Dampf- und Diesellok fährt 14 km von Cernay nach Sentheim (www.train-doller.org, Juni bis Sept. an Sonn- und Feiertagen, Abfahrt Cernay St-André (▶ B 11) 10.30, 15.30, Juli/Aug. auch Mi 10, 14 Uhr, hin und zurück 10 €).

Ausgehen

Theater im Grünen – **Théâtre du Peuple:** 40, rue du Théâtre, Tel. 03 29 61 62 47, www.theatredupeuple.com, Eintritt ab 10 €. Wie ein Schiff aus Holz liegt das Theater von 1921 in den lothringischen Vogesen, zu denen sich – einzigartig in der Theaterwelt – die Bühne hin öffnet.

Infos und Termine

Office du Tourisme: 7, rue de la 1ère Armée, Tel. 03 89 37 96 20, www.ot-thann.fr, Mo–Sa 9–12, 14–18, in der Saison länger und auch So 10–12.30 Uhr.
Crémation des Trois Sapins: 30. Juni, Folklorefest der Verbrennung der drei Tannen auf der Place Joffre, das auf eine fromme Überlieferung zurückgeht.
Feux de St-Jean: Ende Juni lodern in der Vallée de St-Amarin die Johannisfeuer auf den Bergen.

In der Umgebung

Husseren-Wesserling ▶ A 10
Das interaktive Ecomusée du Textile de Haute-Alsace zeichnet die Geschichte der Indiennes, der bedruckten Baumwollstoffe hier im Thurtal nach. Fünf wundervolle Gärten, geschmückt mit zeitgenössischer Kunst, machen den weitläufigen Komplex zu einem lohnenden Ausflug (Parc de Wesserling, www.parc-wesserling.fr, 6. Feb.–12. Juni, 4. Okt.–Dez. Di–Sa 10–12, 14–18, So 10–18, 13. Juni–3. Okt. tgl. 10–18 Uhr, Eintritt 8 €).

Mulhouse und der Sundgau

Mulhouse ▶ C/D 11/12

Zu Unrecht macht manch einer einen Bogen um das einstige ›französische Manchester‹, das auch heute noch die Industriekapitale des Elsass ist (113 000 Einwohner). Außer den Museen zur Industriegeschichte (**direkt 13** ▶ S. 102), die Weltrang besitzen, lockt Mulhouse mit einer attraktiven modernen Kulturszene, einer übersichtlichen historischen Innenstadt und netten Restaurants und Winstubs. Als erste Stadt im Osten Frankreichs richtete Mulhouse ein Selbstbedienungssystem für Fahrräder ein.

Hôtel de Ville und Musée Historique **1**

Pl. de la Réunion, www.musees-mulhouse.fr, Mi–Mo 10–12, 14–18/ Juli/Aug. bis 18.30 Uhr.
Das vielleicht schönste Renaissancerathaus des Elsass wurde 1553 gebaut. Die Fassadenmalereien sind liebevoll restauriert, an der Schmalseite hängt der Klapperstein, eine Schandmaske, die einst Rufmördern und Klatschbasen umgehängt wurde. In den ehrwürdigen Räumen mit kostbaren Holzvertäfelungen widmet sich das Historische Museum der Stadtgeschichte. Besonders interessant sind der Raum mit Werken des Karikaturisten Henri Zislin (1875–1958) und die umfangreiche Spielzeugsammlung.

Temple St-Etienne **2**

Pl. de la Réunion, Mai–Sept. Mo, Mi–Fr 10–12, 14–18, Sa bis 17, So 14–18 Uhr.

Auch diese neogotische Kirche liegt am geschäftigen, historischen Hauptplatz von Mulhouse. Sie beherbergt einen der vollständigsten und kostbarsten Zyklen mittelalterlicher Glasmalerei aus der Zeit um 1350.

Rue des Franciscains **3**

Die Altstadtstraße wird von Adelspalais aus dem 18. Jh. gesäumt. Eine große, bunte Fassadenmalerei widmet sich dem Thema Stadtgeschichte.

Musée des Beaux-Arts **4**

4, pl. Guillaume Tell, www.musees-mulhouse.fr, Mi–Mo 10–12, 14–18/Juli/Aug. bis 18.30 Uhr.
Das Museum der Schönen Künste zeigt Malerei vom Mittelalter bis zum 19. Jh., unter anderem elsässische Maler der späteren Zeit.

Parc Zoologique et Botanique **5**

51, rue Jardin Zoologique, www.zoo-mulhouse.com, tgl. April, Sept. 9–18, Mai bis Aug. 9–19, Okt./Nov., März 9–17, Dez.–Feb. 10–16 Uhr, Eintritt: 12 €, Bus Nr. 30 vom Bahnhof.
Einer von Europas ältesten und größten Zoos, ein Geschenk der Mulhousener Industriekapitäne an ihre Arbeiter, besitzt über 160 Tierarten, u. a. Raubkatzen, Wölfe und Primaten. Wie alle modernen Zoos widmet er sich mit Zuchtprogrammen dem Artenschutz. Fütterungen der Makaken-Affen finden um 10.30 und 14.30, die der Bären und Fischotter um

Mulhouse

Sehenswert

1 Hôtel de Ville und Musée Historique
2 Temple St-Etienne
3 Rue des Franciscains
4 Musée des Beaux-Arts
5 Parc Zoologique et Botanique
6 – 11 s. S. 104

Übernachten

1 Du Parc
2 Kyriad Mulhouse

Essen und Trinken

1 Aull Cortile
2 Le Dix-Sept
3 Aux Caves du Vieux Couvent

Einkaufen

1 Au Bouton d'Or

Ausgehen

1 O'Brian
2 La Salle des Coffres
3 La Filature
4 Noumatrouff
5 Entrepot

Sport und Aktivitäten

1 Bains Romains
2 Association Locacycles

15 Uhr statt. Auch für seine botanischen Sammlungen ist der Zoo berühmt.

Übernachten

Für höchste Ansprüche – **Du Parc** 1: 26, rue de la Sinne, Tel. 03 89 66 12 22, www.hotelduparc-mulhouse.com, DZ 160–250 €, Restaurant Mo–Sa 19 bis 22 Uhr, Menüs ab 45 €. Das Luxushotel im Art-déco-Stil erinnert an die 1930er-Jahre. Marmorbäder und das Gourmetrestaurant sind da ein Muss.

Businesshotel – **Kyriad Mulhouse Centre** 2: 15, rue Lambert, Tel. 03 89 66 44 77, www.hotel-mulhouse.com, DZ 45–200 €. Frisch reno- ▷ S. 105

13 | Spannende Industriegeschichte – Museen in Mulhouse

Karte: ▶ C/D 11/12 | **Bus/Bahn:** s. S. 104 unten

Die ›Stadt der hundert Schornsteine‹ war einmal das dynamischste Industriezentrum des Elsass, in dem bunte Baumwollstoffe und rußgeschwärzte Lokomotiven gefertigt wurden. Das sollte niemanden abschrecken: Die ehemalige Reichsstadt Mühlhausen hat ihr kulturelles Erbe mit attraktiven Museen zur Industriegeschichte in Szene gesetzt.

Für die meisten Besucher sind die pittoresken Orte der Weinstraße der Inbegriff des Elsass. Dabei wird oft vergessen, dass das Elsass eine hoch industrialisierte und zukunftsträchtige Region ist. Rund um Mulhouse nahm mit der Gründung der ersten Manufaktur für Baumwollstoffe im Jahre 1746 die Industrielle Revolution ihren Lauf. Stadt und Bevölkerung wuchsen sprunghaft; Spinnereien, Färbereien und Webereien zogen immer mehr Arbeiter an. Im 19. Jh. folgten die chemische und mechanische Industrie.

Bosse und Malocher

Das **Musée de l'Impression sur Etoffes** 6 in der Innenstadt widmet sich dem Stoffdruck, dem Ursprung des Mulhousener Wirtschaftswunders. Es erwuchs aus einer schon 1833 von den Stoffbaronen der mächtigen Société Industrielle de Mulhouse gegründeten Sammlung. Technische Abläufe werden verständlich und anschaulich erläutert, kostbare Textildokumente vom 18. Jh. an gezeigt. In der Museumsboutique locken einem Designertischtücher der renommierten Elsässer Firma Beauvillé, edel bedruckte Tücher und Papiere die Euros aus der Tasche.

Von hier überquert man auf der Brücke den Canal du Rhône au Rhin und die Eisenbahngleise und sieht links im **Parc du Tivoli** 7 die über 5 m große Statue des

»Schweißdissi« stehen, des schwitzenden Symbols des Mulhouser Arbeiters. Auf dem ansteigenden Gelände in seinem Rücken, dem Rebberg, haben sich die Industriebarone im 19. Jh. ihre Villen mit Grünanlagen und hohen Mauern erbaut. Hier könnte man auch den Besuch des Zoos (s. S. 100) anschließen.

Unter Dampf

Das mit hohem Aufwand renovierte **Musée Français du Chemin de Fer** , Frankreichs größtes Eisenbahnmuseum, lässt mit einer spektakulären, mit Filmen, Gerüchen, Geräuschen und interaktiven Medien aufbereiteten Show das Goldene Zeitalter der Eisenbahn lebendig werden. Salonwagen wie der der Kaiserin Eugénie von 1856, ein luxuriöser Pullmann-Waggon, in dem schon Agatha Christie und John le Carré reisten, und berühmte Lokomotiven vom 19. bis 20. Jh. sind in den nach Ruß und Öl riechenden Hallen zu entdecken. Wie hart die Holzbänke der zugigen 4. Klasse – eine solche gab es im Deutschen Kaiserreich nur in El-sass-Lothringen! – in der ›guten alten Zeit‹ gewesen sein müssen, kann man sich denken. In den offengelegten ›Bauch‹ einer Baltic Nord hineinzusehen oder unter einer Dampflokomotive hindurchzugehen, sind besondere Erlebnisse. Zur vollen Stunde wird die 232 U1, die letzte, 1949 in Betrieb gegangene Dampflokomotive mit viel Getöse in Gang gesetzt. Im Spieleparadies für die Kinder dreht sich natürlich auch alles um Schienen und Lokomotiven.

Ehemaliges Arbeitermuseum

Das Gros der 400 kostbaren Oldtimer des **Musée National de l'Automobile** entstammt dem Skandalkonkurs der Textilbaronbrüder Schlumpf im Jahre 1977. Die empörten Arbeiter der später rechtskräftig verurteilten Bankrotteure besetzten den privaten Wagenpark des Autonarren Fritz Schlumpf und führten zwei Jahre lang ein Arbeitermuseum, das sogar François Mitterrand besuchte. Sport- und Luxuswagen wie Rolls Royce, Mercedes, Hispano-Suiza oder der teu-

Historische Bahnraritäten locken in der Cité du Train

erste Wagen der Welt, Ettore Bugattis »Royale«, sind in dem bedeutendsten und größten Automobilmuseum der Welt auf 25 000 m² ausgestellt. Rennsimulatoren, die rekonstruierte Startlinie eines Grand-Prix-Rennens und jede Menge weiterer interaktiver Medien im Dienste des Themas Automobil ermöglichen einen Familienausflug auf höchstem Spaßmuseum-Niveau.

Wohnen und Einkaufen

Die großen Unternehmerdynastien de Dietrich, Hartmann, Kœchlin und Schlumberger, liberal, protestantisch, gebildet und frankophil, sorgten auf patriarchalische Weise für ›ihre‹ Arbeiter. So wurde Mitte des 19. Jh. im Schatten der Schornsteine der Textilfabriken nördlich der Innenstadt die Cité errichtet, eins der ersten Projekte sozialen Wohnungsbaus und unternehmerischer Fürsorge in Europa.

Ein Spaziergang von einer Viertelstunde vom Automuseum am Quai du Forst entlang des Canal de Décharge führt in die **Cité** **10**, die sich auf der Höhe des Markthallengebäudes um die Rue de Strasbourg erstreckt. Schmale, 3 m breite und schnurgerade gezogene Gassen mit so hübschen Namen wie Passage des Alouettes (Lerchenweg) oder Rue du Soleil (Sonnenstraße) sind von den alten Arbeiterhäuschen gesäumt. Der uniforme Eindruck wird durch heimwerkerische An- und Umbauten gemildert: Hier ein Stockwerk draufgesetzt, dort eine Veranda vorgerückt.

Das freundliche Miteinander von Nachfahren der Mulhousener Arbeiter der ersten Generation mit südeuropäischen und nordafrikanischen Einwanderern wird auf dem berühmten **Marché du Canal Couvert** **11** spürbar, wo am Dienstag, Donnerstag und Samstag ein buntes, multikulturelles Markttreiben herrscht. Obst und Gemüse, Geflügel, Fleisch und Eier von berühmten Produzenten sind teilweise schon um 10 Uhr ausverkauft. Wer aber nur farbenprächtige Tomaten und frische Waldpilze gucken will, der ist den ganzen Tag über nicht zu spät dran.

Öffnungszeiten

Musée de l'Impression sur Etoffes: 14, rue Jean-Jacques Henner, www.musee-impression.com, Di–So

10–12, 14–18 Uhr, Eintritt 7 €.
Musée Français du Chemin de Fer/La Cité du Train: 2, rue Alfred de Glehn, www.citedutrain.com, 5. Jan.–5. Feb. Mo–Fr 10–14, Sa/So 10–17, 1.–4. Jan., 6. Feb.–2. April, 30. Okt.–Dez. tgl. 10–17,3. April–29. Okt. tgl. 10–18 Uhr, Bus Mo–Sa Nr. 20 vom Hauptbahnhof, So Nr. 62 von Tour de l'Europe, Haltestelle »Anvers«.
Musée National de l'Automobile: 192, av. de Colmar, www.collection-schlumpf.com, geöffnet wie Eisenbahnmuseum, Eintritt 10,50 €, Kombiticket mit »Cité du Train«.
Marché du Canal Ouvert: quai de la Cloche, www.marchedemulhouse.com, Di, Do 7–15, Sa 6–17 Uhr, Tram Linie 2, Haltestelle »Porte-Haute«.

vierte Zimmer in zeitgenössischem Stil, Sauna und Dampfbad und eine super-zentrale Lage.

Essen und Trinken

Toskanische Küche mit Stern – **Aull Cortile** [1] : 11, rue des Franciscains, Tel. 03 89 66 39 79, www.ilcortile-mulhouse.fr, Di–Sa 12–13.45, 19.30–21.45 Uhr, Menüs 29–75 €. In elegantem, zeitgenössischem Rahmen und im Sommer auf einer Terrasse wird eine viel gerühmte italienische Feinschmeckerküche kreiert.

Stylish geht die Welt zugrunde – **Le Dix-Sept** [2] : 17, rue Paille, Tel. 03 89 44 37 26, www.dixsept.fr, Di–Sa 11.30 bis 14, 18.30–22 Uhr, Tagesgericht 8 €. Die Karte in dem angenehmen Design-Bistro wechselt täglich, von Salaten bis zu Fischauflauf wird alles zeitgenössisch zubereitet und serviert.

Vive la tradition – **Aux Caves du Vieux Couvent** [3] : 23, rue du Couvent, Tel. 03 89 46 28 79, www.cavesduvieux couvent.com, Di–Sa 12–14, 18.30 bis 21.45, So 12–14 Uhr, Hauptgericht ca. 15 €. Die Fresken von Mulhousener Stadtansichten und die Winstubkarte mit Choucroute und Sundgauer Karpfen zeigen, dass dies ein Ort elsässischer Tradition ist.

Einkaufen

Die Haupteinkaufszone liegt zentral um das Hôtel de Ville und die Place de la République. Mode und Schuhe findet man an der Rue des Bons Enfants, Rue du Sauvage, Passage du Théâtre und der Rue des Bouchers.

70 Käsesorten – **Au Douton d'Or** [1] : 5, pl. de la Réunion, Mo 14–19, Di–Do 8.30–12.15, 14–19, Fr 8–19, Sa 8–18.30 Uhr. Einer der besten Käseläden des Elsass.

Ausgehen

Angesagt – **O'Brian** [1] : 5, pl. des Victoires, Mo–Sa 10–1.30, So 11 bis

23.30 Uhr. In dem Pub für Studenten und andere junge Leute gibt es zum Bier Snacks wie Flammkuchen u. Ä. Die Großwildjäger-Deko im ersten Stock ist kurios.

Disco – **La Salle des Coffres** [2] : 74, rue du Sauvage, Di–Do 23–5, Fr/Sa 23 bis 6 Uhr, Eintritt ab 3 €. Die Disco in einer ehemaligen Bank im Stadtzentrum ist schon so etwas wie eine Institution: Themenabende, Rock, Fusion, House u. a.

La culture – **La Filature** [3] : 20, allée Nathan Katz, Tel. 03 89 36 28 28, www.lafilature.org, Tickets ab 20 €, Bus Nr. 15, 16, Haltestelle »Filature«. Im Kulturtempel von Claude Vasconi spielen Orchestre symphonique de Mulhouse, Opéra du Rhin und Ballet du Rhin. Theater, Oper, Tanz, Konzerte, Programmkino.

Musik, zeitgenössisch – **Noumatrouff** [4] : 57, rue de la Mertzau, Tickets FNAC, Tel. 0892 68 36 22, www.noumatrouff.com, Tickets ab 14 €. Kultig-berühmter Veranstaltungsort für Rock, Techno, Blues, Underground, Cybercafé, künstlerische Darbietungen.

Fröhliche Anarchie – **Entrepot** [5] : 50, rue du Nordfeld, Tel. 03 89 54 46 31, www.lentrepot.org, Eintritt ab 11 €. Zu Comedy, Theater, Ausstellungen und Kleinkunst im intimen Café-Theater gibt es Flammkuchen und Getränke.

Sport und Aktivitäten

Ein interessanter Ausflug für die ganze Familie ist ein Besuch im Ecomusée d'Alsace (**direkt 14** ► S. 106), wo man die bäuerliche Vergangenheit des Elsass anschaulich erleben kann.

Badetempel im Jugendstil – **Bains Romains** [1] : 7, rue Pierre et Marie Curie, im Schwimmbad Piscine Pierre et Marie Curie, Tel. 03 89 32 69 00; Sauna Damen Mi 14.30–19.15, Fr 8.30–11.45, 14.30 bis 21, Herren Do 8.30–11.45, 14.30 bis 17.30, Sa 8.30–11.45, gemischt Di 16–21, Do 17.30–21, Sa 14–19.15 Uhr. ›Römisches‹ ▷ S. 108

14 | Das alte Elsass aus dem Bilderbuch – Ecomusée d´Alsace

Karte: ▶ C 11 | **Museumsbesuch:** Hier kann man den ganzen Tag verweilen.

Es war einmal: Frankreichs größtes Freilichtmuseum inszeniert die gute alte Zeit als Erlebnispark für die ganze Familie. Über 70 historische Fachwerkhäuser aus dem ganzen Elsass, vor dem Abriss gerettet und hier wiederaufgebaut, lassen die Handy-Generation staunen.

Auf dem weitläufigen Gelände geht es so lebhaft zu, wie es in einem ›unechten‹ Dorf möglich ist. Im Rhythmus der Jahreszeiten und der Jahresfeste kann man in die Alltagskultur des historischen Elsass eintauchen. Böttcher, Schmiede und Wagenbauer demonstrieren ihre in Vergessenheit geratenen Fertigkeiten, ein Lehrer demonstriert jungen Besuchern, wie autoritär es in einer Dorfschule zu Beginn des 20. Jh. zuging, und ein auf alte Weise angeschirrtes Ochsenpaar zeigt, was ›unter dem Joch gehen‹ bedeutet.

In der Gaisegass

Die ›Täuschung‹ ist perfekt: Wie in einem echten Dorf säumen Gebäude die Straße – Ziegengasse, Rue des Chèvres oder auf Elsässisch: Gaisegass. In den Ställen neben dem Wohnhaus stehen sie dann auch, die Geißen, strecken ihren Kopf aus dem Stall und lassen sich streicheln. Dahinter erstrecken sich ein Bauerngarten, komplett mit Vogelscheuche, ein Obsthain und ein kleiner Kanal. Liebevoll wurde die landwirtschaftliche Polykultur der vergangenen Jahrhunderte – Viehzucht, Ackerbau, Weinbau, ein wenig Handwerk – nachgestaltet. Winzige Landarbeiterhäuser vom Beginn des 19. Jh. lassen ahnen, wie beengt die ärmeren Großfamilien wohnten. Nebenan weist eine holzgetäfelte Stube und gutes Geschirr auf bürgerlichen Wohlstand hin.

Für alle Sinne

Der originale Schweinestall aus dem 19. Jh. ist bewohnt. Anhängliche Ziegen, gravitätische Gänse und ein Kalb beleben den Streichelzoo, den man betreten kann. Auf den Dächern klappern die Störche in ihren großen Nestern, in manch einem Baum sitzt ein Pfau. Es riecht nach Heu und Dung, Ziegenmeckern schallt durch die Gassen. Wenn der Wind durch das Röhricht der Sumpflandschaft an der Peripherie des Freilichtmuseums streicht, raschelt es geheimnisvoll.

Alles Fachwerk, oder was?

Doch, fast alles. Fachwerk, also ein tragendes Holzgerüst, dessen Zwischenräume mit einem Holz-Lehm-Gemisch aufgefüllt wurden, ist die Bauweise im Elsass ab dem Mittelalter. Eins der ältesten Häuser hier, Hesingue I, 1574 im Sundgau errichtet, besitzt die noch mittelalterliche Ständer-Bauform, die bis etwa 1600 zum Einsatz kam. Die Ständer, das sind die vertikalen Holzbalken des Gerüsts, gehen vom Boden bis zum Dach durch. Danach wurden die Fachwerkhäuser des alemannischen Raums in der Rähmbau-Technik errichtet, wobei die einzelnen Geschosse als getrennte Module errichtet wurden. Das erlaubte erstmals das Vorkragen der oberen Stockwerke. Hesingue I, eine stattliche Hofanlage mit einer charakteristischen Laube für Holzlagerung und Wäschetrocknung, weist zudem eine Trennung von Stall und Haus auf, die, ganz modern zu der Zeit, höhere Wohnqualität bot.

Ein Mosaik ›historischer Steine‹

Die Burg, umgeben von einem geometrischen Garten mit duftenden Buchsbäumen und einer Mauer, wurde ursprünglich im 12./13. Jh. als Wehrturm im nahen Mulhouse gebaut, von späteren Überbauten befreit und im Ecomusée Stein für Stein wiedererrichtet.

Unter dem nachgebauten hölzernen Wehrturm fand eine bemalte Renaissance-Holzdecke aus der Straßburger Judengasse Platz – Achtung, hier passt nicht alles zusammen, was passend wirkt. Kritiker des Ecomusée monieren denn auch den unbekümmerten Material-Mix aus Regionen und Epochen. Ist man sich aber dessen bewusst, liefern die auch in Deutsch gehaltenen Beschreibungstafeln die authentische Herkunft.

Infos

Ecomusée d´Alsace: chemin du Grosswald, südlich von Ungersheim, gut ausgeschildert, www.ecomusee-alsace.fr, April–Dez. tgl. 10–18, Juli/Aug. bis 19 Uhr, Eintritt 13 €. Mehrere Restaurants und Souvenirshop mit elsässischen Spezialitäten und Nippes.

Übernachten

Les Loges de l´Ecomusée: auf dem Gelände des Ecomusée, Tel. 03 89 74 44 95, www.ecomusee-alsace.fr, Zimmer für 2–4 Pers. 71 €. Freundliche, wie aus einem Möbelkatalog eingerichtete Maisonette-Apartements in modernen Fachwerkhäusern.

Vielleicht demnächst

In unmittelbarer Nachbar des Freilichtmuseums befindet sich die stillgelegte **Kalimine St-Rodolphe**. Sie war eine Zeitlang zu besichtigen, dann wurde sie geschlossen. Eine Wiedereröffnung ist geplant. Deshalb wird sie zurzeit umgebaut.

Saunavergnügen in finnischer Sauna und Hammam sowie drei verschieden temperierten Tauchbecken bieten die eleganten Jugendstilthermen vom Anfang des 20. Jh. mit farbenfrohen Glasfenstern, historischen Duschkabinen, Marmor, Stuck und Messingapplikationen.

Fahrradverleih – **Association Locacycles** 2: 10, av. du Général Leclerc, am Bahnhof, Tel. 03 89 45 25 98, Mo–Fr 7–12, 13.30–20, Sa 9–12, 14–17 Uhr. Cityrad, Mountainbike, Tandem oder Kinderrad ab 3 € pro Tag.

Infos und Verkehr

Office du Tourisme: 9, av. Foch, Tel. 03 89 35 48 48, www.tourisme-mulhouse. com, Site der Stadtverwaltung www.mulhouse.fr, Mo–Sa 10–18/Juli/Aug. bis 19, So 10–12, 14–18.

Verkehr: Die Bus- und Straßenbahnlinien operieren von 4.39–23.45 Uhr. Info: Tel. 03 89 66 77 77, www.solea.info, Einmalticket mit Umsteigen 1,30, für die Familie 3,90 €.

In der Umgebung

Rixheim ▶ D 12
Dieses einzigartige Tapetenmuseum zeigt neben einer technischen Einführung die exotischen Welten, die sich die Bürger im 19. Jh. in ihre Wohnzimmer holten: Chinoiserien, Blumen- und Panoramatapeten (Musée du Papier Peint, 28, rue Zuber, La Commanderie, www.musees-mulhouse.fr, Mai–Okt. tgl., Nov.–April Mi–Mo 10–12, 14–18 Uhr, Eintritt 6,50 €).

Ottmarsheim ▶ D 11
Mitten in der Industrielandschaft der Rheinebene birgt der ruhige Ort ein Kleinod der romanischen Kunst: einen achteckigen Kuppelbau aus dem 11. Jh., der Aachener Pfalzkapelle Karls des Großen nachempfunden. Kaum anderswo weckt die wuchtig-schlichte, den Blick in die Höhe lenkende Architektur so feierliche Gefühle (tgl. 9 bis 19 Uhr).

Sundgau (direkt 15) S. 109)

Der Ottmarsheimer Zentralbau stellt eine seltene romanische Bauform dar

Karte: ▶ C/D 13/14 | **Mit dem Auto:** Ganztagesausflug

Im Dreiländereck des Sundgau ist die Großstadt Basel nur ein paar Minuten entfernt. Das glaubt man kaum, wenn man auf einsamen Straßen über sanft hügelige Felder und Obsthaine kurvt, idyllische Dörfer erkundet und in den Bergen vor der Schweizer Grenze Burgen erobert.

Fotogen und recht steil steigen die teils aus der Renaissance stammenden Häuser der Altstadt von **Ferrette** 1 zur mittelalterlichen Burgruine der Grafen von Pfirt hin an. Im oberen Teil der Burg befinden sich die Ruinen des ehemaligen Donjons aus dem 12. Jh., der, als einer der ersten seiner Art im Elsass, als Wohn- und Verteidigungsturm zugleich diente. Ferrette mit seinen 1000 Einwohnern gilt als das Tor zum Elsässer Jura, dem schönsten Teil des Sundgau.

Beim Käsepapst

In dem beschaulichen, von einem kanalisierten Bächlein durchflossenen Vieux-Ferrette führt die Legende aller *Affineurs*, Bernard Antony, seinen unauffälligen Laden. Luxushotels aus Hongkong, 3-Sterne-Köche wie die Haeberlins von der »Auberge de l'Ill«, Millionäre, die mit dem Hubschrauber vorfliegen und ganz normale Käseliebhaber sind Kunden im **Sundgauer Käs Kaller** 1. Antonys Kunst besteht darin, qualitätsvolle kleine Käsereien auf dem Lande zu finden und deren Rohmilchprodukte dann in seinen Reifekellern zur Perfektion zu bringen. Eine Amme nennt Wolfram Siebeck den Käseflüsterer, der das Baby hegt und pflegt, bis es erwachsen wird. In zwei Probierstuben kann man sich vor Ort vom Erfolg von Antonys Käsesitting überzeugen, zusammen mit leckerem Brot und feinem Wein.

Baufällig, aber beeindruckend

Wo die sanften Hügel zu den 500 bis 800 m hohen Bergen entlang der Schweizer Grenze ansteigen, liegt die Burgruine des **Château de Morimont** 2. Es wurde im 12. Jh. errichtet, doch die größten Partien stammen vom Ende des 15. Jh., wie man an den sieben mächtigen Rundtürmen sehen kann, die in jener Zeit, als Feuerwaffen geläufig wurden, gegen Artilleriebeschuss befestigt wurden. Morimont ist schon seit Langem wegen Baufälligkeit nicht zu betreten, von einer Plattform vor der Burgmauer aus aber gut zu überblicken.

Bio-Ziegenkäse

Biederthal, ein typisches unberührtes Grenzdorf mit stattlichen alten Bauernhöfen, bietet ländliche Idylle pur. Auf einem dieser Höfe, der auch ein Herrenhaus aus dem 18. Jh. umschließt, liegt der **Demeter-Hof Geissberg** 2 von Etienne und Agnès Fernex. Sie halten Esel, rückgezüchtete Wollschweine und eine Ziegenherde von Sundgoviennes,

einer speziellen alten Haustierrasse. Der Bio-Ziegenkäse aus ihrer Milch, eine wahre Delikatesse, wird auf dem Basler Markt und im hofeigenen Bio-Laden verkauft. Für Besucher, die länger Landluft atmen wollen, vermietet Madame Fernex in der komfortabel und geschmackvoll renovierten Scheune gegenüber zwei Ferienwohnungen.

Eine Burg fürs Volk

Über dem kleinen Leymen dicht vor der Grenze zur Schweiz liegt Thannwald mit seinen alten Höfen und Ställen, blökenden Ziegen und sanft abfallenden Weiden und Streuobstwiesen – ein Jura-Weiler wie aus dem Bilderbuch. Fünf Minuten durch den Wald bringen einen zum **Château Landskron** 3, einer jederzeit zugänglichen Ruine. Der mächtige quadratische Donjon, einziges Überbleibsel der 1297 erbauten mittelalterlichen Burg, scheint direkt aus dem Fels emporzuwachsen. Die heute sichtbaren Bauten stammen mehrheitlich aus der Zeit um 1515, als Kaiser Maxi-

Hoch erhebt sich die Burgruine über Ferrette

milian die ›Krone des Landes‹ gegen die Feuerwaffen der Schweizer Eidgenossen ausbauen ließ.

Heute gehört die Ruine den etwa 1000 Mitgliedern des Vereins »Pro Landskron«, der dieses Wahrzeichen des Leimentals kaufte und vor dem Verfall rettete. »Die Landskron gehörte im Laufe der Jahrhunderte vielen Herren«, schreibt der Verein, »heute gehört sie vielen Leuten!«

Übrigens: Die romanische Kirche von **Feldbach** 4 ist die bedeutendste kunstgeschichtliche Sehenswürdigkeit des Sundgau. 1144 vom Grafen Friedrich I. von Pfirt und seiner Gemahlin Stephania vielleicht als Grablege errichtet, fasziniert die flach gedeckte Basilika durch ihre schlichten, wuchtigen Baumassen (tgl. 8–20 Uhr).

Gebackener Karpfen

Der ländliche Sundgau hat eine deftige Leibspeise, den gebackenen Karpfen, der in den vielen Fischteichen der wasserreichen Region großgezogen, »frisch g'metzt«, also geschlachtet, entgrätet, in Bierteig gewendet, in Öl ausgebacken und mit einer hausgemachten Mayonnaise, Kartoffeln und grünem Salat serviert wird. Einer der Landgasthöfe, die sich zu den ›Straßen des gebackenen Karpfens‹ zusammengeschlossen haben, ist der **Studerhof** 1 im Weiler Bettlach. In der holzverkleideten Gaststube gibt es die Karpfen mit und ohne Gräten, dazu Forellen, Sauerkraut mit Fisch oder Rinderfilet mit Morchelsoße.

Infos
Office de Tourisme du Jura Alsacien: 3 A, route de Lucelle, Ferrette, Tel. 03 89 08 23 88, www.sundgau-sudalsace.fr, Jan.–April, Nov. Mo–Fr 9–12, 14–18, Mai–Okt., Dez. Mo–Fr 9.30 bis 12.30, 14–18, Sa/So 14.30–17.30 Uhr.
Pro Landskron: www.pro-landskron.ch.
Routes du Carpe frite: www.carpe-frite.fr.

Übernachten und Essen
Hôtel-Restaurant Studerhof 1: Bettlach, Tel. 03 89 40 71 49, www.studerhof.fr, Mi–So 10–24 Uhr, Carpe frite 18 €.
Le Morimont 2: Kürzlich zeitgenössisch-rustikal renovierte Zimmer mit Mosaikbädern in einem historischen Haus mitten im Grünen, Restaurant in einem Wintergarten (Oberlarg, Tel. 03 89 40 88 92, www.le-morimont.com, DZ 60–95 €).

Auberge et Hostellerie Paysanne 3: 1, rue de Wolschwiller, Lutter, Tel. 03 89 40 71 67, www.auberge-hostellerie-paysanne.com, DZ 53–73 €, Restaurant Di 17.30–21.30, Mi–So 12 bis 14, 17.30–21.20 Uhr, Hauptgericht ca. 14 €. Herberge mit klassischer Regionalküche und viel Wild. Die schönsten Zimmer mit Fachwerkbalken und antiken Möbeln bietet die Auberge in der nahen, hierher ›umgezogenen‹ Fachwerkscheune aus dem 17. Jh. an.

Käse einkaufen
Sundgauer Käs Kaller: 5, rue de la Montagne, Vieux-Ferrette, Tel. 03 89 40 42 22, Mo–Sa 10–12, 14–18 Uhr.
Domaine Geissberg: 23, rue Principale, Biederthal, Tel. 03 89 07 31 28, E-mail: agnesfernex@gmx.ch, Bio-Laden Mo–Sa 10–12, 14–17.30 Uhr, Ferienwohnung pro Woche 395–485, Wochenende 215 €.

Sprachführer Französisch

Unterwegs in der Stadt

Auto	voiture
Autobahn	autoroute
Autovermietung	location de voitures
Ampel	feu
Bahnhof	gare
Bus	autobus
bleifrei	sans plomb
Diesel	gas-oil
Fahrkarte	billet
Fahrplan	horaire
Fahrrad	vélo
Flughafen	aéroport
geradeaus	tout droit
Gleis	voie, quai
Haltestelle	arrêt
Kirche	église
Kreuzung	carrefour
links	à gauche
Motorrad	moto
Museum	musée
Normalbenzin	ordinaire
Parkplatz	parking
rechts	à droite
Schiff	bateau
Straße	rue
Straßenbahn	tram
Studentenausweis	carte d'étudiant
Supermarkt	hypermarché
Touristen-information	office de tourisme

Im Hotel

Aschenbecher	cendrier
Aufzug	ascenseur
Bad	salle de bains
Bettwäsche	draps
Café	salon de thé
Doppelzimmer	chambre à deux lits
Dusche	douche
Einzelzimmer	chambre à un lit
Frühstück	petit déjeuner
Frühstücksraum	salle de petit déjeuner
Gepäck	bagages
Hotel	hôtel
Jugendherberge	auberge de jeunesse
Safe	coffre-fort
Schlafsaal	dortoir
Schlafsack	sac de couchage
Schlüssel	clé
Schwimmbad	piscine
Toilette	toilettes
Waschbecken	lavabo
Zimmer	chambre
nach hinten hinaus	sur l'arrière
zur Straße hin	sur la rue

Im Restaurant

Abendessen	dîner
Diät	régime
essen	manger
Flasche	bouteille
Frühstück	petit déjeuner
Gabel	fourchette
Getränk	boisson
mit Kohlensäure	gazeux
Glas	verre
Hauptgericht	plat principal
Löffel	cuillère
Mahlzeit	repas
Messer	couteau
Mittagessen	déjeuner
Nachspeise	dessert
Rechnung	addition
reservieren	réserver
Speisekarte	carte, menu
Tagesgericht	plat du jour
Teelöffel	petite cuillère
Teller	assiette
Tisch	table
trinken	boire
vegetarisch	végétarien
Vorspeise	hors d'œuvre

Wasser	de l'eau	Unfall	accident
Weinkarte	carte des vins	Verbandszeug	trousse de secours
zahlen	payer	Versicherung	assurance

Zeit

		### Zahlen	
Sonntag	dimanche	1	un
Montag	lundi	2	deux
Dienstag	mardi	3	trois
Mittwoch	mercredi	4	quatre
Donnerstag	jeudi	5	cinq
Freitag	vendredi	6	six
Samstag	samedi	7	sept
Feiertag	jour férié	8	huit
heute	aujourd'hui	9	neuf
gestern	hier	10	dix
morgen	demain	11	onze
morgens	le matin	12	douze
mittags	à midi	13	treize
nachmittags	l'après-midi	14	quatorze
abends	le soir	15	quinze
nachts	la nuit	16	sexton
		17	dix-sept
### Gesundheit/Notfälle		18	dix-huit
Antibiotikum	antibiotique	19	dix-neuf
Apotheke	pharmacie	20	vingt
Arzt	médecin	30	trente
Fieber	fièvre	40	quarante
Krankenhaus	hôpital	50	cinquante
Krankenwagen	ambulance	60	soixante
Notfall	urgence	70	soixante-dix
Pannendienst	service de	80	quatre-vingt
	dépannage	90	quatre-vingt-dix
Polizei	police	100	cent
Rezept	ordonnance	1000	mille

Die wichtigsten Sätze

Wie viel kostet das? Ça coûte combien?
Ich brauche … J'ai besoin de …
Wann öffnet/schließt …? Quand ouvre/ferme …?
Haben Sie ein freies Zimmer? Avez-vous une chambre de libre?
Wir sind ausgebucht. Nous sommes complet.
Ich hätte gerne ein Baguette. Une baguette, s'il vous plaît.
Hat es geschmeckt? C'etait bon?
Ich möchte Geld wechseln. Je voudrais changer de l'argent.
Können Sie mir helfen? Pourriez-vous m'aider?

Kulinarisches Lexikon

Regionale Küche

Baeckeoffe	Fleischeintopf mit Weißwein, Kartoffeln, Möhren, Zwiebeln, Lorbeer, Pfeffer und Knoblauch (s. S. 44, 92)
Bibeleskäs mit G'schwellti	Quark mit Pellkartoffeln, dazu rohe Zwiebeln und Knoblauch
Birewecka	Früchtebrot
boudin	Blutwurst
choucroute	Sauerkraut mit verschiedenem Schweinefleisch
coq au Riesling	Hühnchen in Riesling gekocht
Fleischkiechle	Hackfleischklopse
Fleischschnacka	›Schnecke‹ aus Nudelteig und Gehacktem
foie gras d'oie	Gänsestopfleber
foie gras de canard	Entenstopfleber
Knepflas	Klöße
Lawerknepfle	Knödel aus Rinder- und Schweineleber
Munster	Rohmilch-Weichkäse, gern mit Kümmel (Munster au cumin),
Presskopf	Schweinskopfsülze
Roigabrageldi	roh gebratene Kartoffel mit Zwiebeln
Süri Nierli	saure Nieren
Schiffala	Schweineschulter
Tarte flambée	Flammkuchen

Französische Küche

à la jardinière	mit Gemüse
à l'ail	mit Knoblauch (-Soße)
asperges	Spargel
assiette de charcuterie	Wurstplatte
assiette de crudités	gemischter Salat
betteraves	Rote Beete
bœuf	Rindfleisch
caille	Wachtel
canard (confit)	(eingekochte) Ente
carré d'agneau	Lammbraten
cerf	Hirsch
cèpes	Steinpilze
chèvre chaud	warmer Ziegenkäse
chevreuil	Reh
côte de porc	Schweinekotelett
courgettes	Zucchini
daube	Schmorbraten
dinde	Pute
entrecôte	Zwischenrippenstück, meist als Steak gebraten
épinard	Spinat
escalope	Schnitzel
fermier, fermière	vom Bauernhof,
foie	Leber
gésiers de volaille	Geflügelmägen
gigot d'agnot	Lammkeule
jambon	Schinken
magret de canard	Entenbrust
morilles	Morcheln
papillote de veau	Kalbsrouladen
pignons de pins	Pinienkerne
pommes de terre	Kartoffeln
porc rôti salé	Kassler
potée	Gemüseeintopf mit Kassler
poulet	Hühnchen
Quiche lorraine	Specktorte
ris de veau	Kalbsbries
selle d'agneau	Lammrücken
steak frites	Steak mit Pommes
steak hachée	Frikadelle, Bulette

tarte à l'oignon	Zwiebelkuchen
terrine de foie gras	Pastete mit Gänseleber
tripes	Kutteln
veau	Kalb

Fisch und Meeresfrüchte

anguille	Aal
brochet	Hecht
cabillaud	Kabeljau
calmar frit	gebratener Tintenfisch
carpe	Karpfen
coquilles St-Jacques	Jakobsmuscheln
daurade	Goldbrasse
écrivisse	Flusskrebs
hareng	Hering
homard	Hummer
huîtres	Austern
moules	Miesmuscheln
rouget	Rotbarbe
sandre	Zander
sole	Seezunge
truite	Forelle
turbot	Steinbutt

Getränke

Amer bière	Bier mit bittersüßem Zusatz
(bière) blonde	helles Bier
(bière) brune	dunkles Bier
(bière) pression	gezapftes Bier
café	Espresso
café au lait	Kaffee mit Milch
Crémant	elsässischer Sekt
demi panaché	Alsterwasser
Diabolo menthe	Pfefferminzsirup mit Mineralwasser
Eau-de-vie	Obstbrand
eau plate	Leitungswasser
eau (non) gazeuse	Mineralwasser (ohne) mit Kohlensäure
grand cru	exzellente Weine aus festgelegten Lagen
infusion	Kräutertee

jus	Saft
panaché	Cola mit Limo
Pinot Noir	Spätburgunder
Quetsch	Zwetschgenobstbrand
thé	Tee
Tokay Pinot Gris	Grauburgunder
vin en pichet	offener Wein

Frühstück

beurre	Butter
charcuterie	Wurstaufschnitt
confiture	Marmelade
fromage	Käse
lait	Milch
miel	Honig
œuf	Ei
pain	(Weiß-)Brot
sucre	Zucker

Süßspeisen

bredele	Weihnachtsplätzchen mit Anis und Zimt
bretzel	Brezel, süß oder salzig
brioche	Brot aus fettem, süßem Hefeteig
Kougelhopf	das elsässische Nationalgebäck: Hefeapfkuchen mit Rosinen und Mandeln
pâté de pommes	gedeckter Apfelkuchen
tarte aux framboises	Mürbteigkuchen mit Himbeeren

Obst

cérise	Kirsche
fraise	Erdbeere
framboise	Himbeere
pêche	Pfirsich
poire	Birne
pomme	Apfel
prune	Pflaume
raisin	Traube

Register

Register

Das Klima im Blick   atmosfair

Reisen bereichert und verbindet Menschen und Kulturen. Wer reist, erzeugt auch CO_2. Der Flugverkehr trägt mit einem Anteil von bis zu 10 % zur globalen Erwärmung bei. Wer das Klima schützen will, sollte sich für eine schonendere Reiseform (z. B. die Bahn) entscheiden – oder die Projekte von *atmosfair* unterstützen. *Atmosfair* ist eine gemeinnützige Klimaschutzorganisation. Die Idee: Flugpassagiere spenden einen kilometerabhängigen Beitrag für die von ihnen verursachten Emissionen und finanzieren damit Projekte in Entwicklungsländern, die dort den Ausstoß von Klimagasen verringern helfen. Dazu berechnet man mit dem Emissionsrechner auf *www.atmosfair.de*, wie viel CO_2 der Flug produziert und was es kostet, eine vergleichbare Menge Klimagase einzusparen (z. B. Berlin – London – Berlin 13 €). *Atmosfair* garantiert die sorgfältige Verwendung Ihres Beitrags. Klar – auch der DuMont Reiseverlag fliegt mit *atmosfair!*

Unterwegs mit
Susanne Tschirner

Susanne Tschirner lebt als Reiseautorin und Verfasserin historischer Kriminalromane bei Bonn. Sie studierte Germanistik, Geschichte und Kunstgeschichte und arbeitete als Lektorin in einem Verlag. Seit 25 Jahren reist sie mehrmals im Jahr ins Elsass, was nicht nur berufliche Gründe hat, sondern daran liegt, dass sie im Elsass ideal entspannen kann. Die Hochweiden der Vogesen und die Burgen der Weinstraße haben es ihr angetan, brave Winstubs ebenso wie urbane Design-Restaurants.

Abbildungsnachweis

DuMont Bildarchiv, Ostfildern: S. 26 (Freyer); 13, 55, 91 (Kirchner)
laif, Köln: S. 28/29 (Dreysse); 68, 108 (Galli); 64 (Heeb); 106 (hemis.fr) 67, Umschlagrückseite (hemis.fr/Chicurel); 93 (hemis.fr/Dozier); 87 (hemis.fr/Gardel); 35 (hemis.fr/Houz); 4/5 (hemis.fr/Kauffmann); Umschlagklappe vorn (hemis.fr/Lenain); 9, 11, 33, 39, 40, 102, 103 (hemis.fr/Rieger); 110 (Kirchner); 17, 70, 72 (Le Figaro Magazine/Goisque); 96 (Linke); 78 (REA/Maigrot)

LOOK, München: S. 7, 75 (age fotostock); 94 (Galli); 83 (Lubenow)
Mauritius, Mittenwald: Titelbild (Harding); S. 41, 47 (Lubenow)
picture-alliance, Frankfurt: S. 80 (akg-images); 79 (akg-images/Lessing); 60 (Bernhart); 50 (Loos)
Tschirner, Susanne; Bonn: S. 120

Kartografie

DuMont Reisekartografie, Fürstenfeldbruck
© DuMont Reiseverlag, Ostfildern

Umschlagfotos

Titelbild: Straßenszene in Riquewihr
Umschlagklappe vorn: Kapelle in den Weinbergen bei Thann

Hinweis: Autorin und Verlag haben alle Informationen mit größtmöglicher Sorgfalt geprüft. Gleichwohl sind Fehler nicht vollständig auszuschließen. Alle Angaben erfolgen ohne Gewähr. Bitte, schreiben Sie uns! Über Ihre Rückmeldung zum Buch und Verbesserungsvorschläge freuen sich Autorin und Verlag:
DuMont Reiseverlag, Postfach 3151, 73751 Ostfildern,
info@dumontreise.de, www.dumontreise.de

1. Auflage 2011
© DuMont Reiseverlag, Ostfildern
Alle Rechte vorbehalten
Redaktion/Lektorat: Hans-Joachim Schneider
Grafisches Konzept: Groschwitz/Blachnierek, Hamburg
Printed in Germany